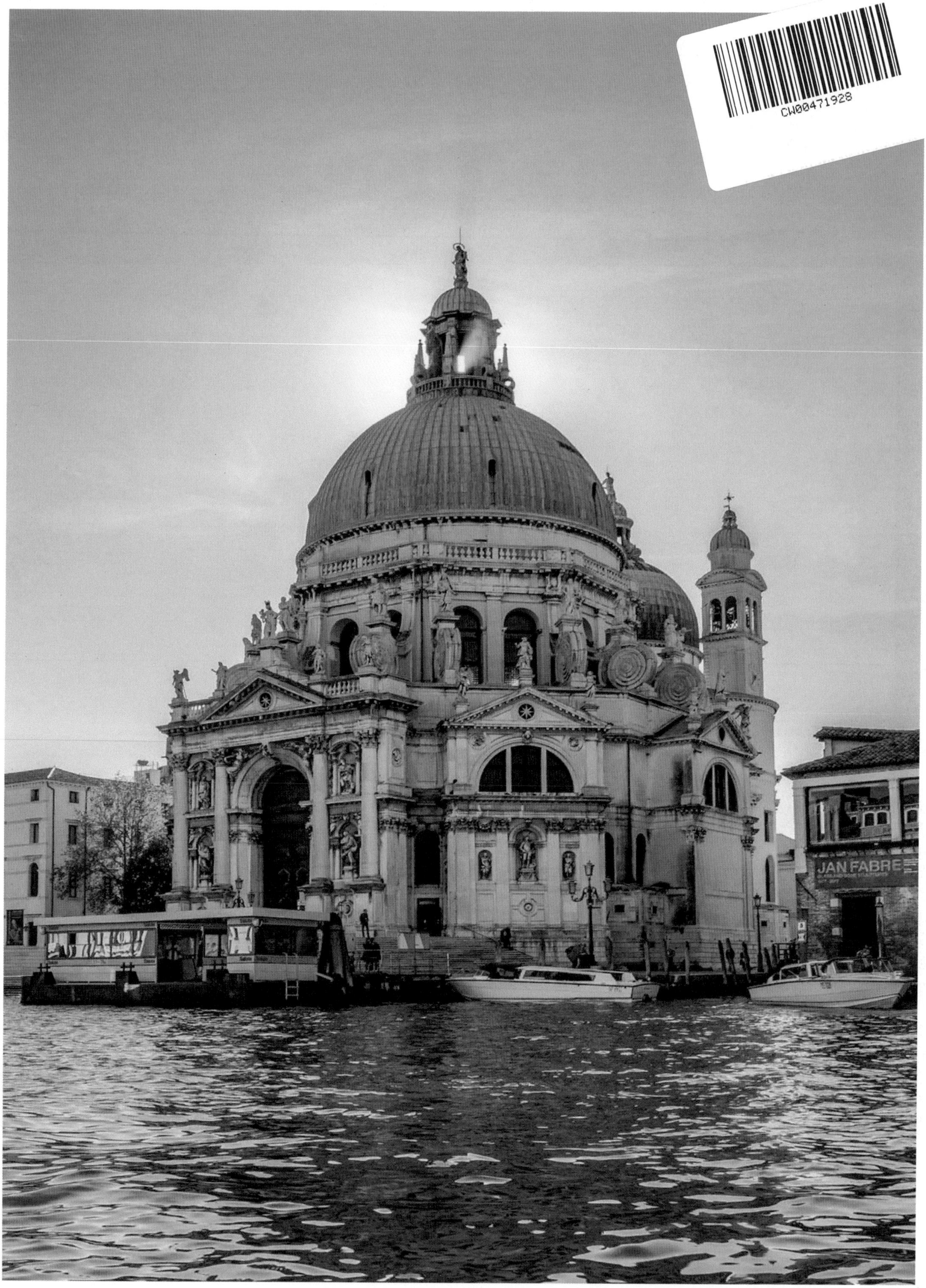
JAN FABRE

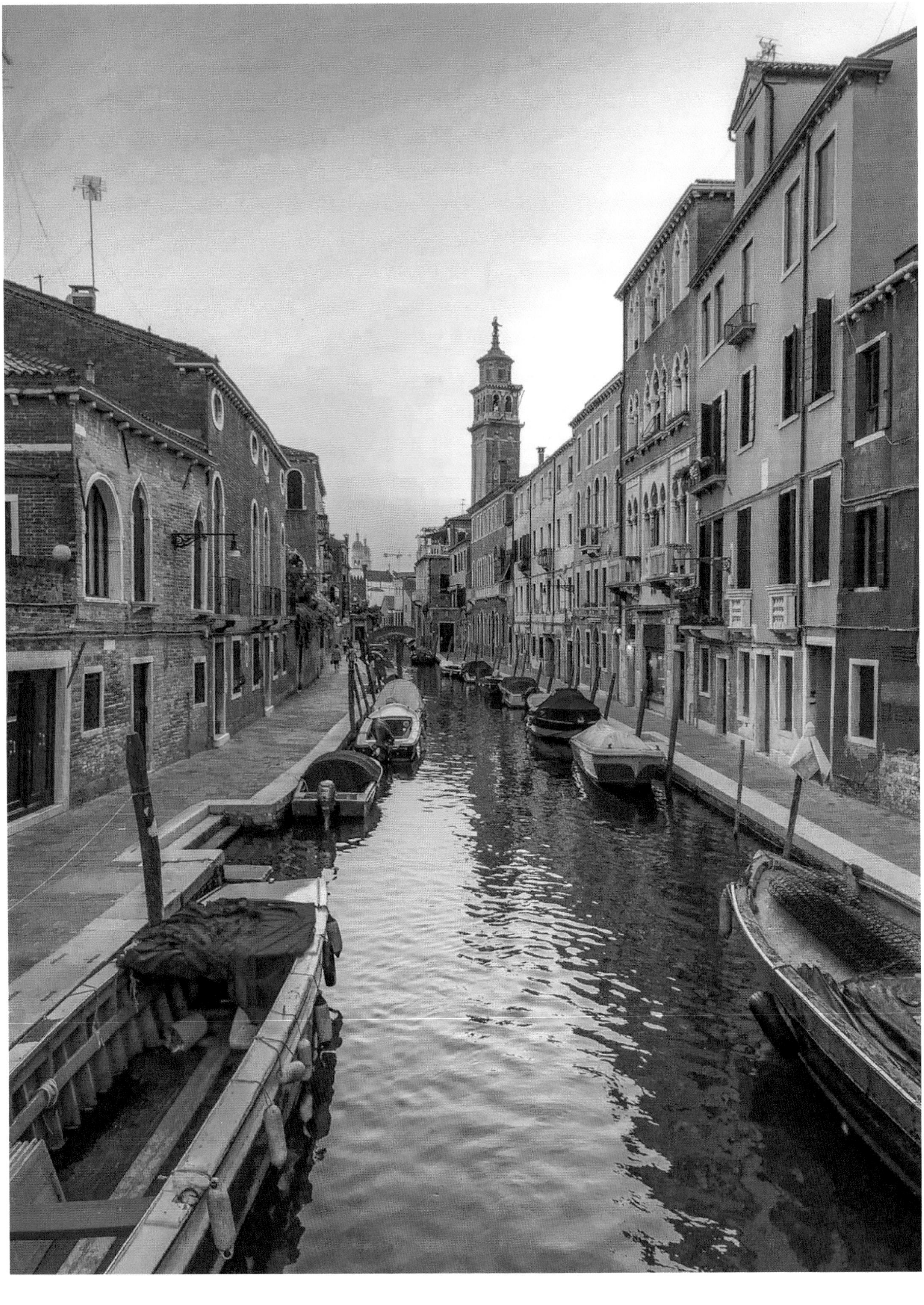

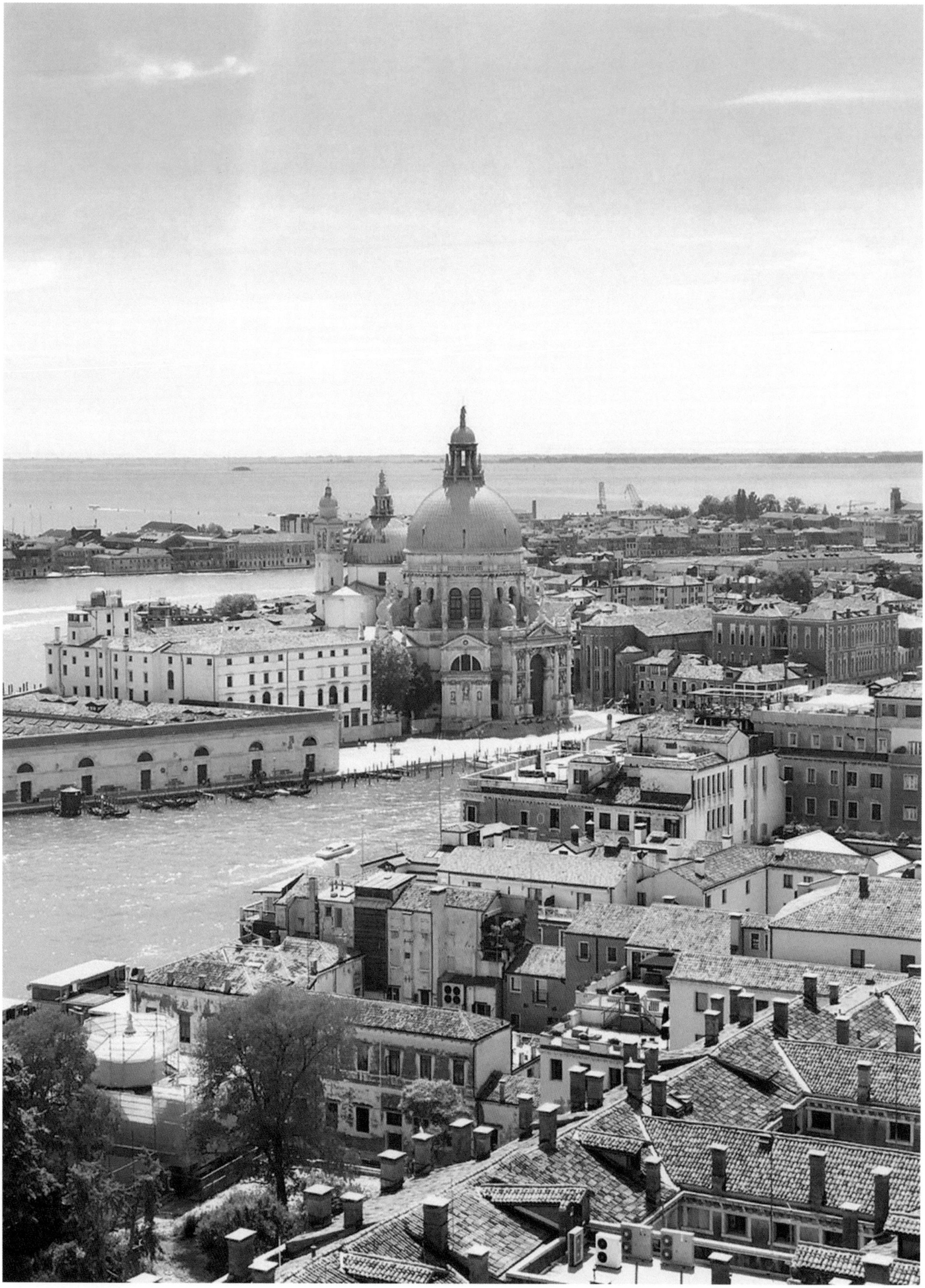

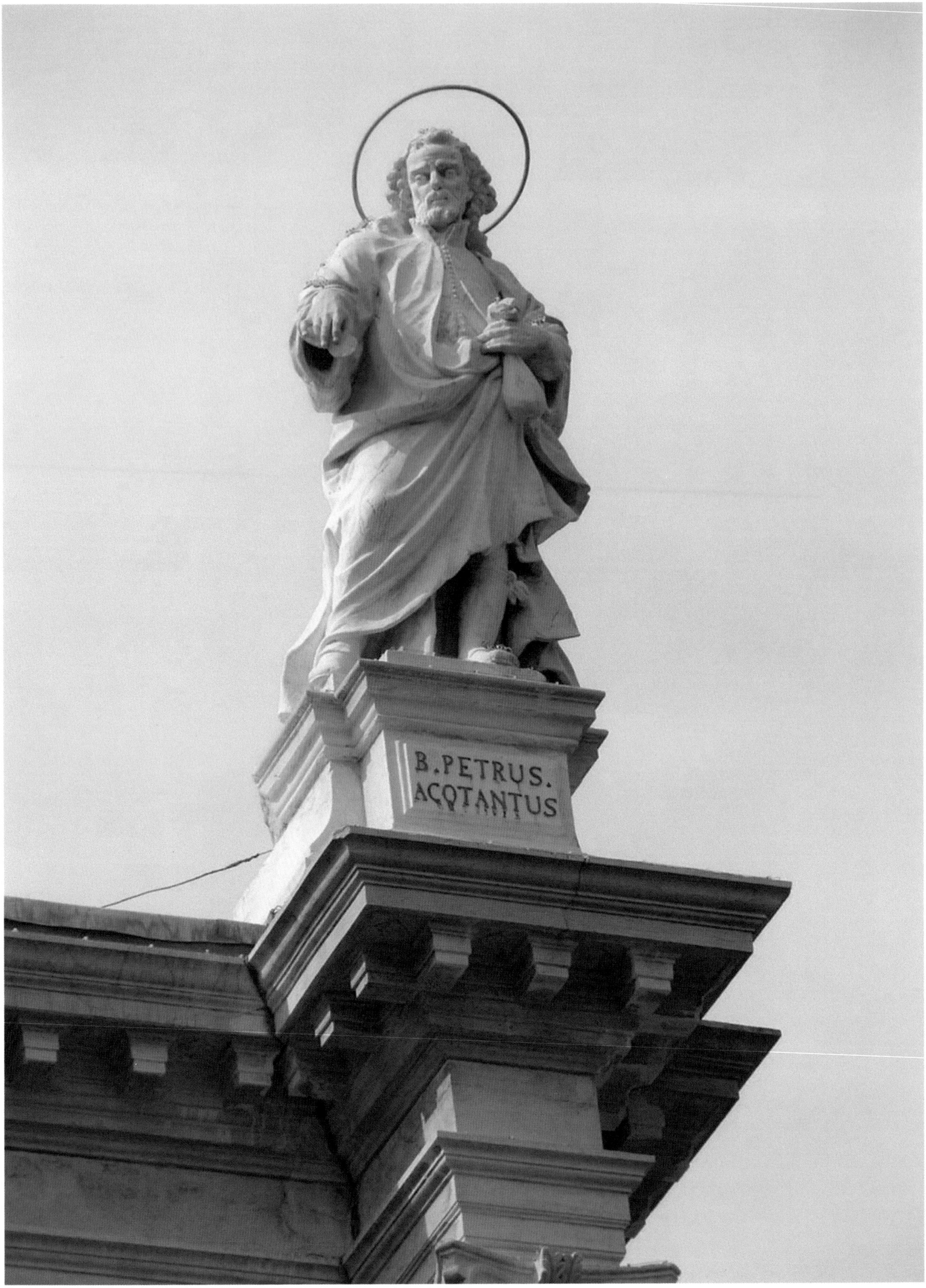
B.PETRUS.
ACQTANTUS

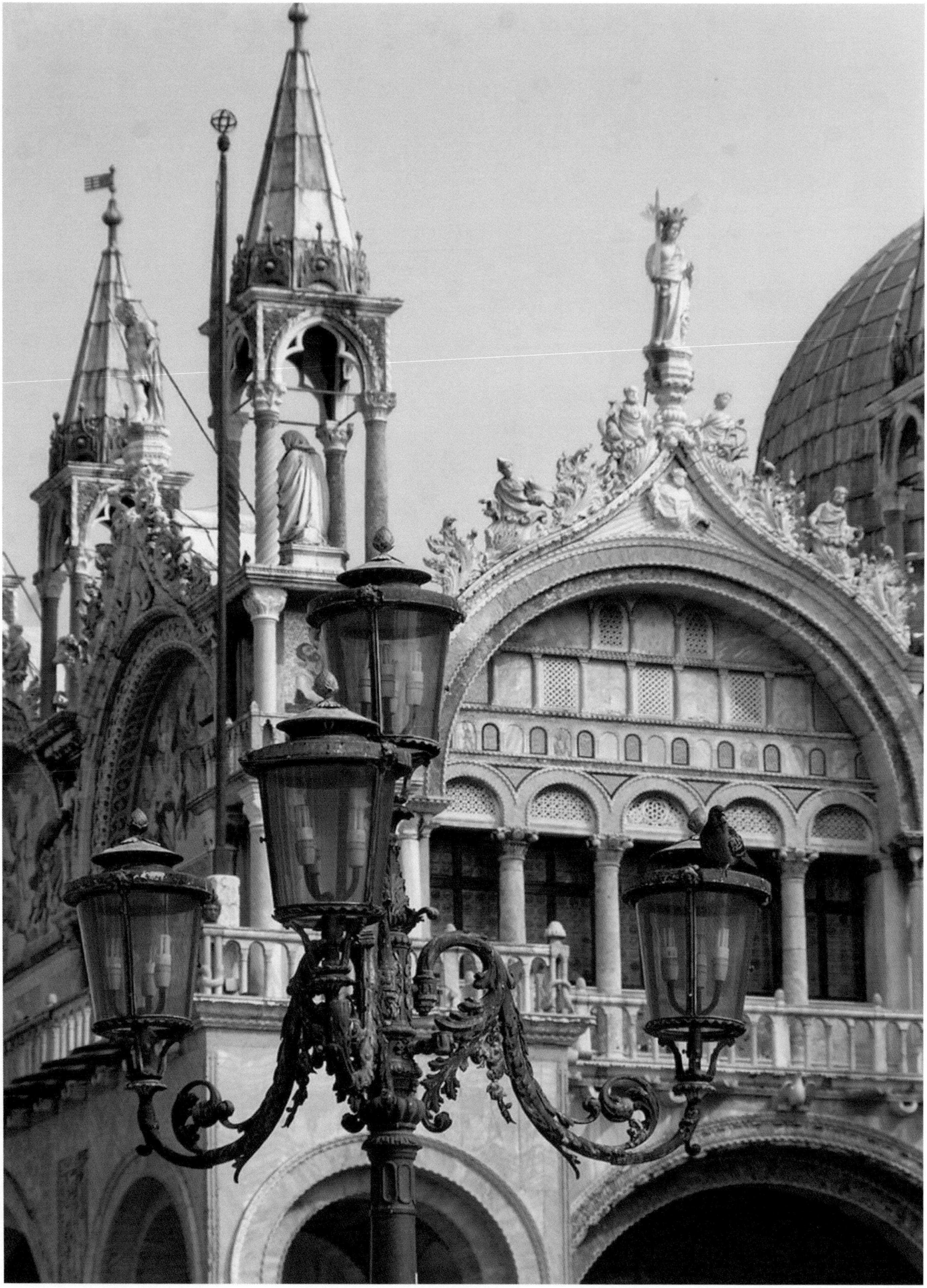

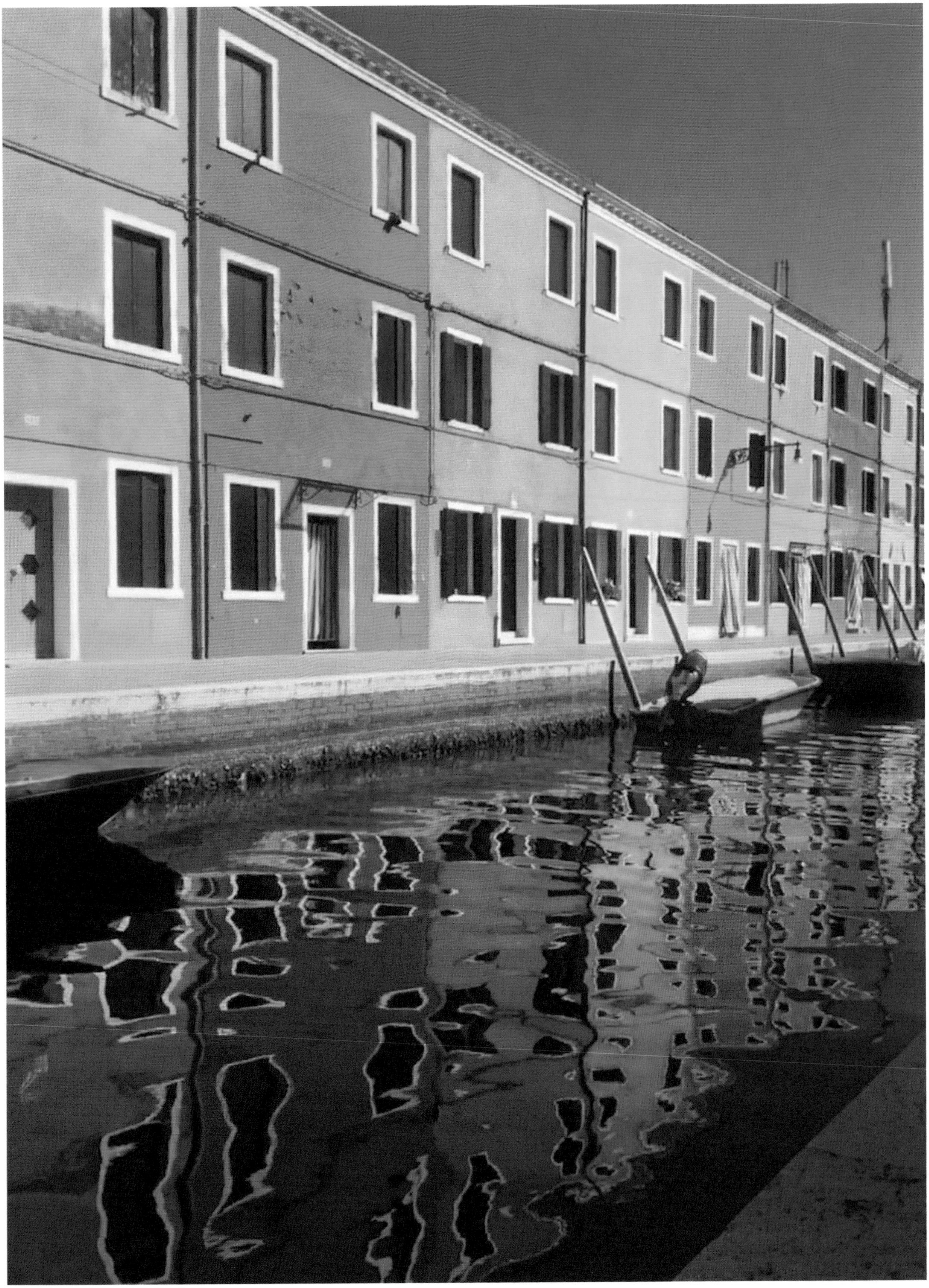

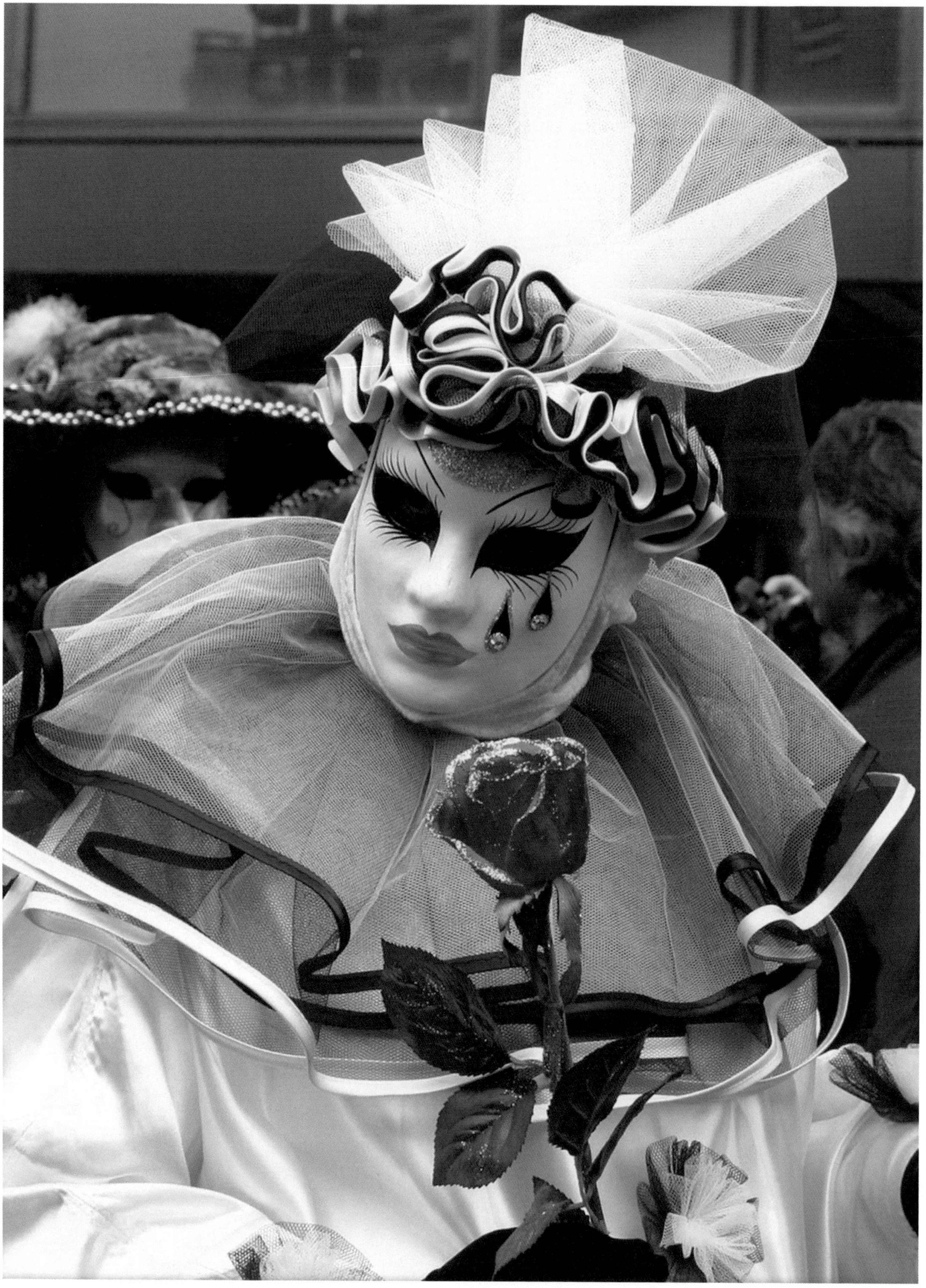

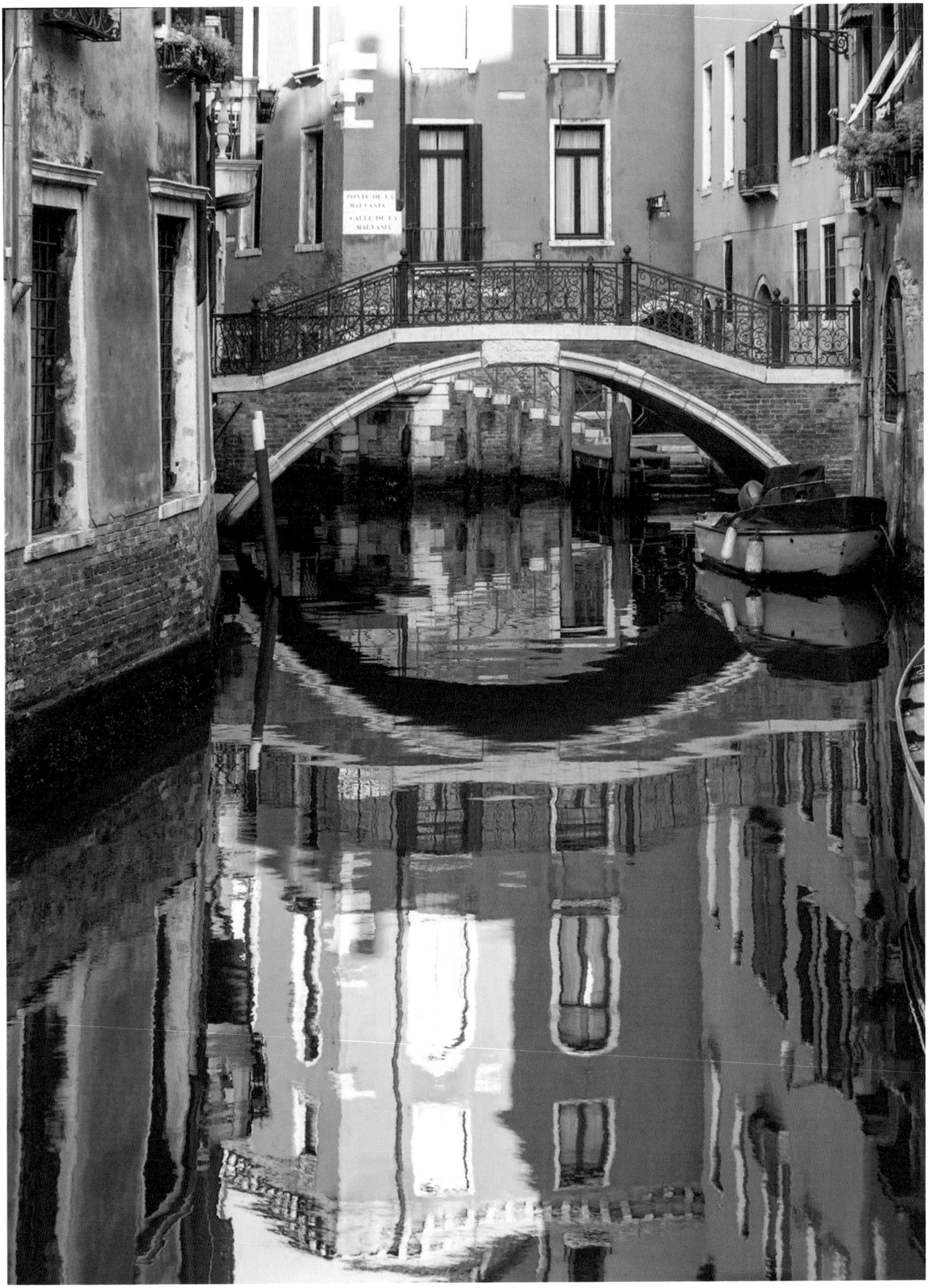

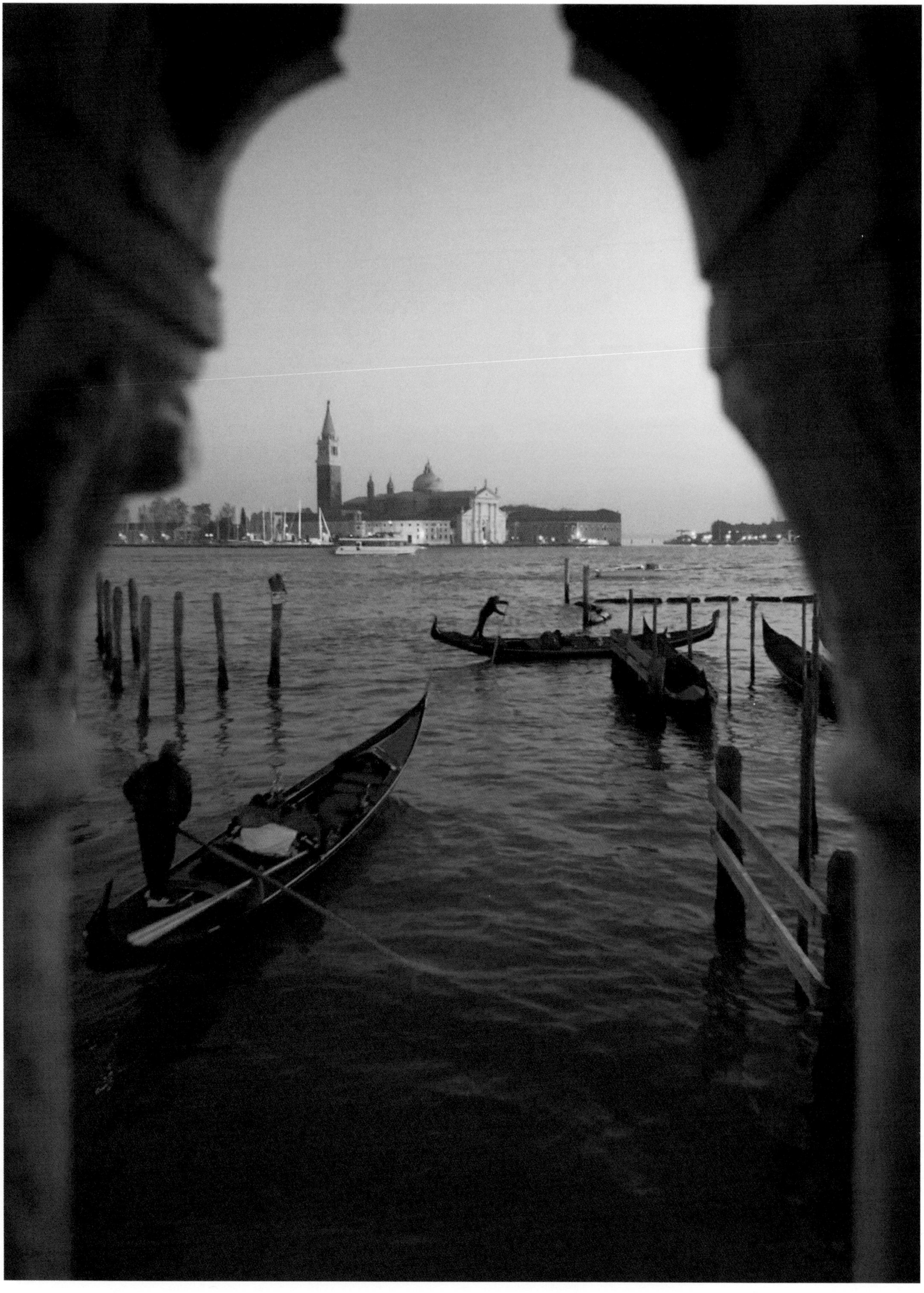

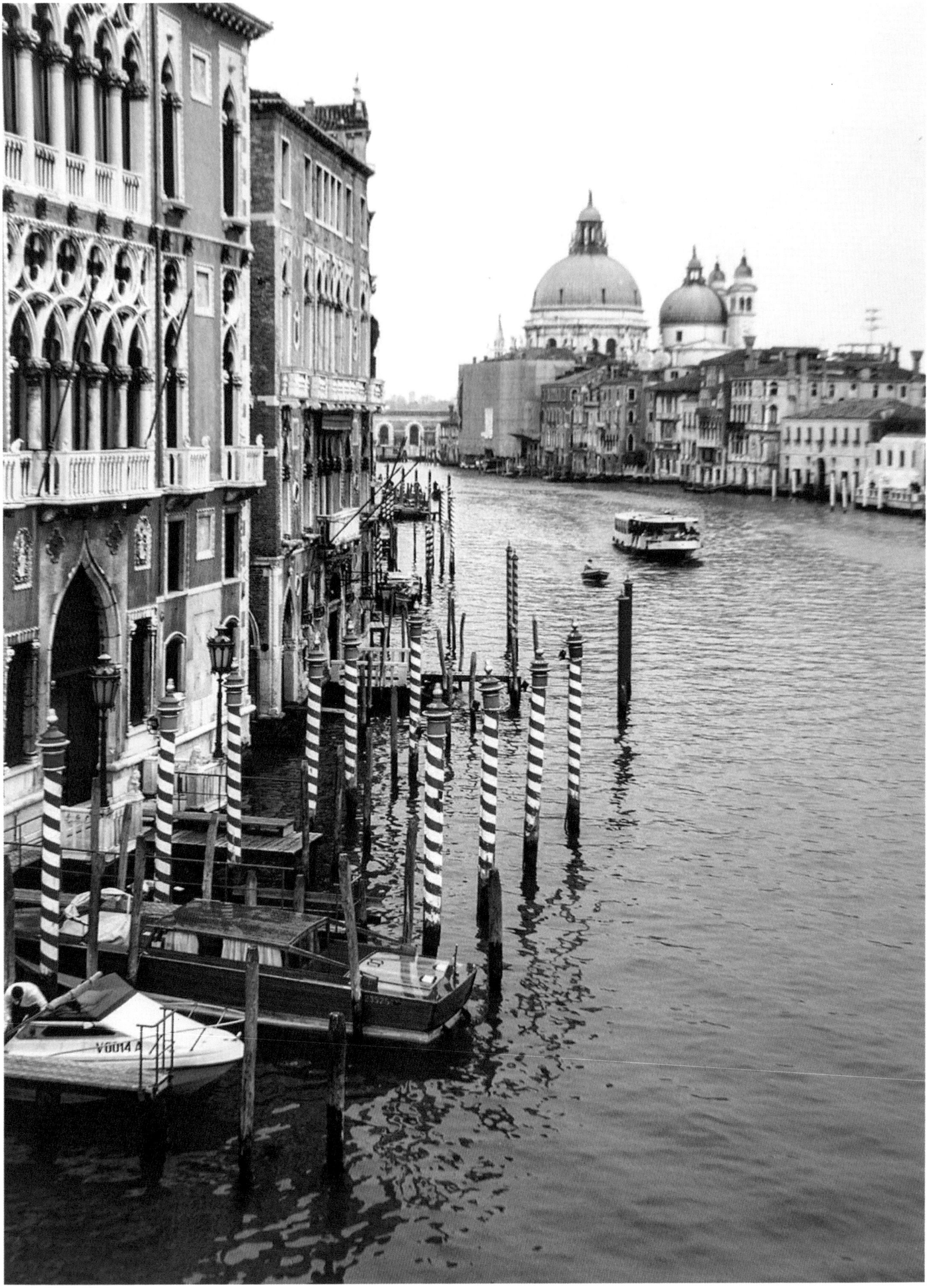
V0014 A

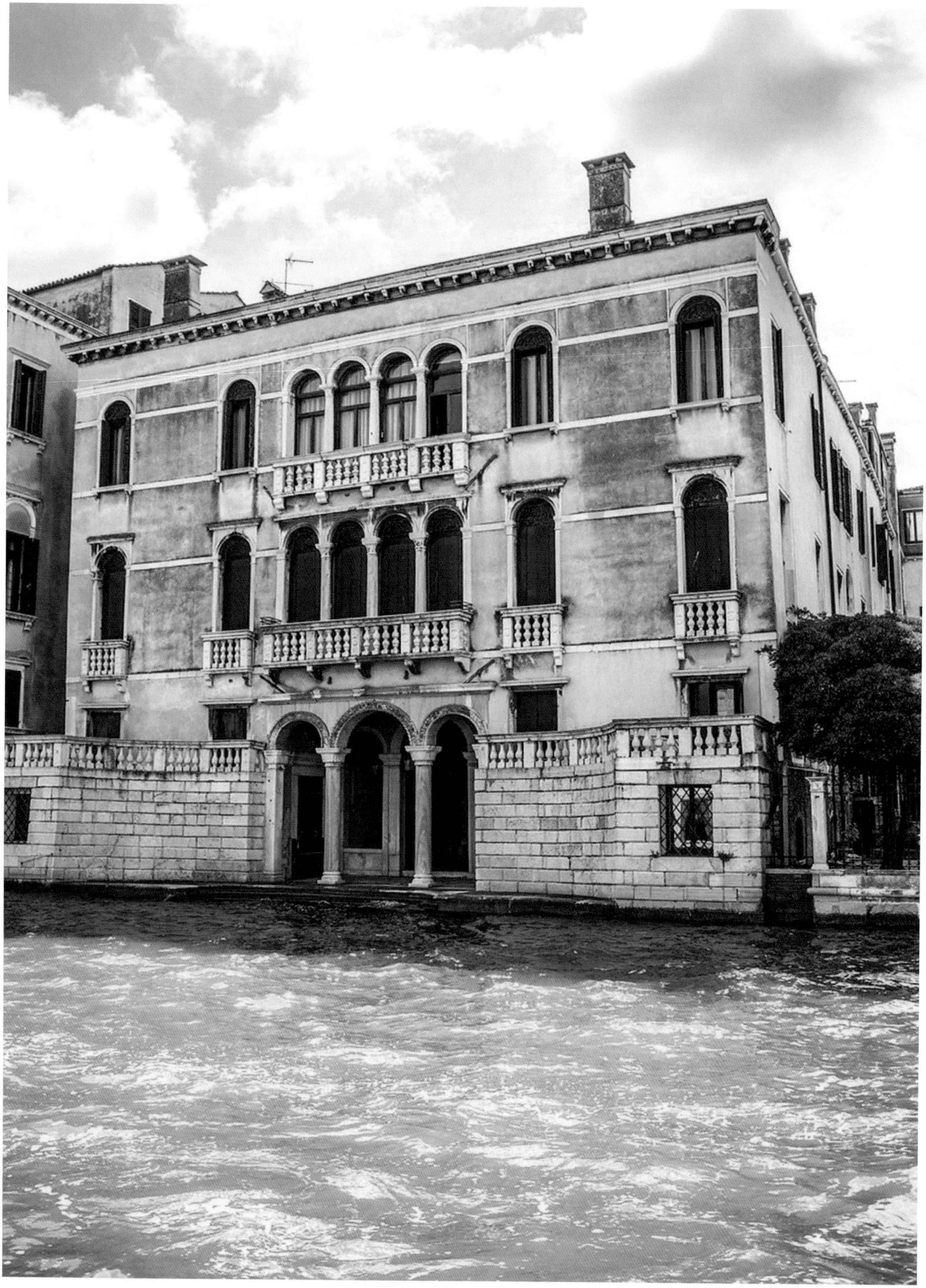

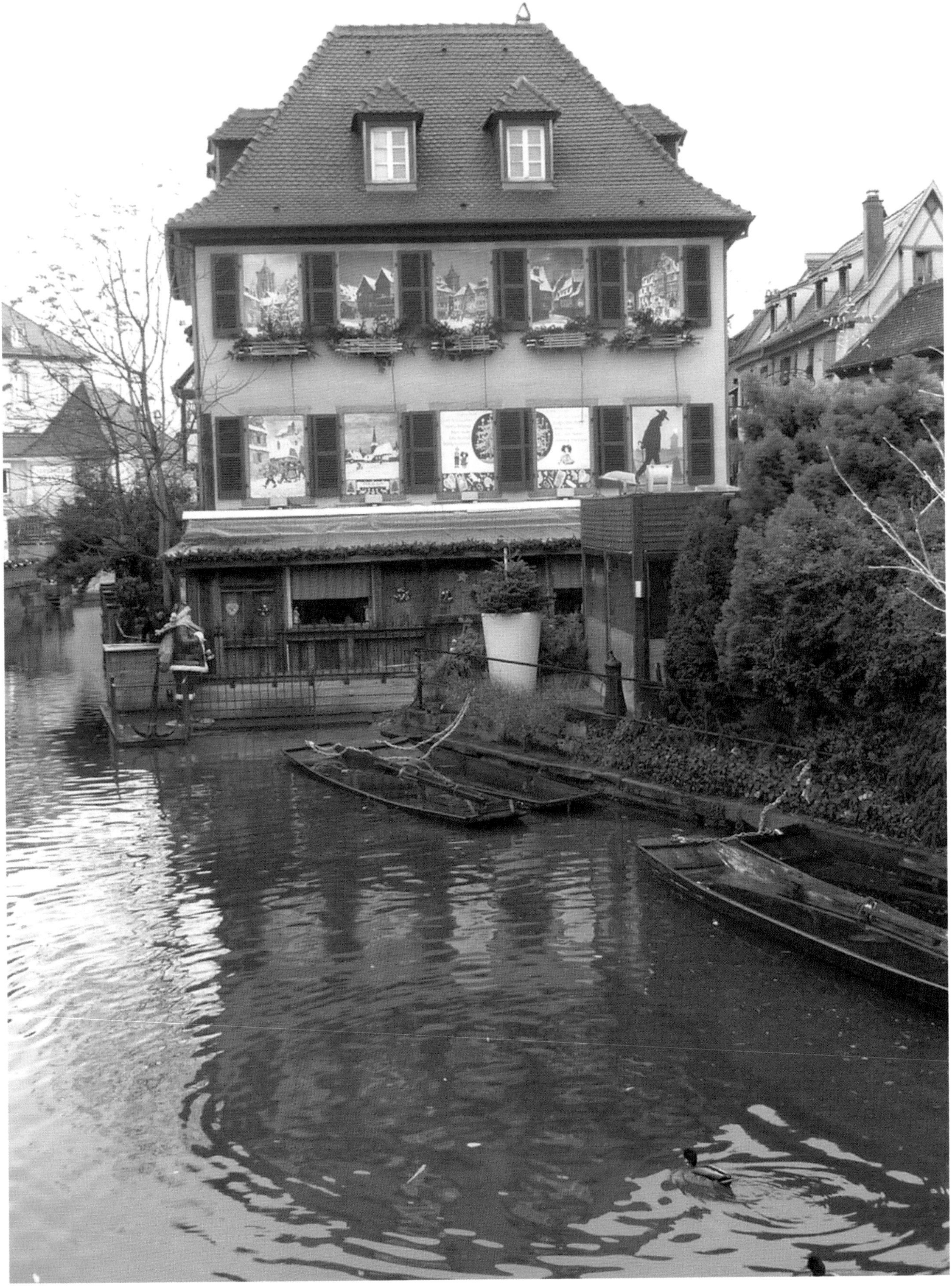

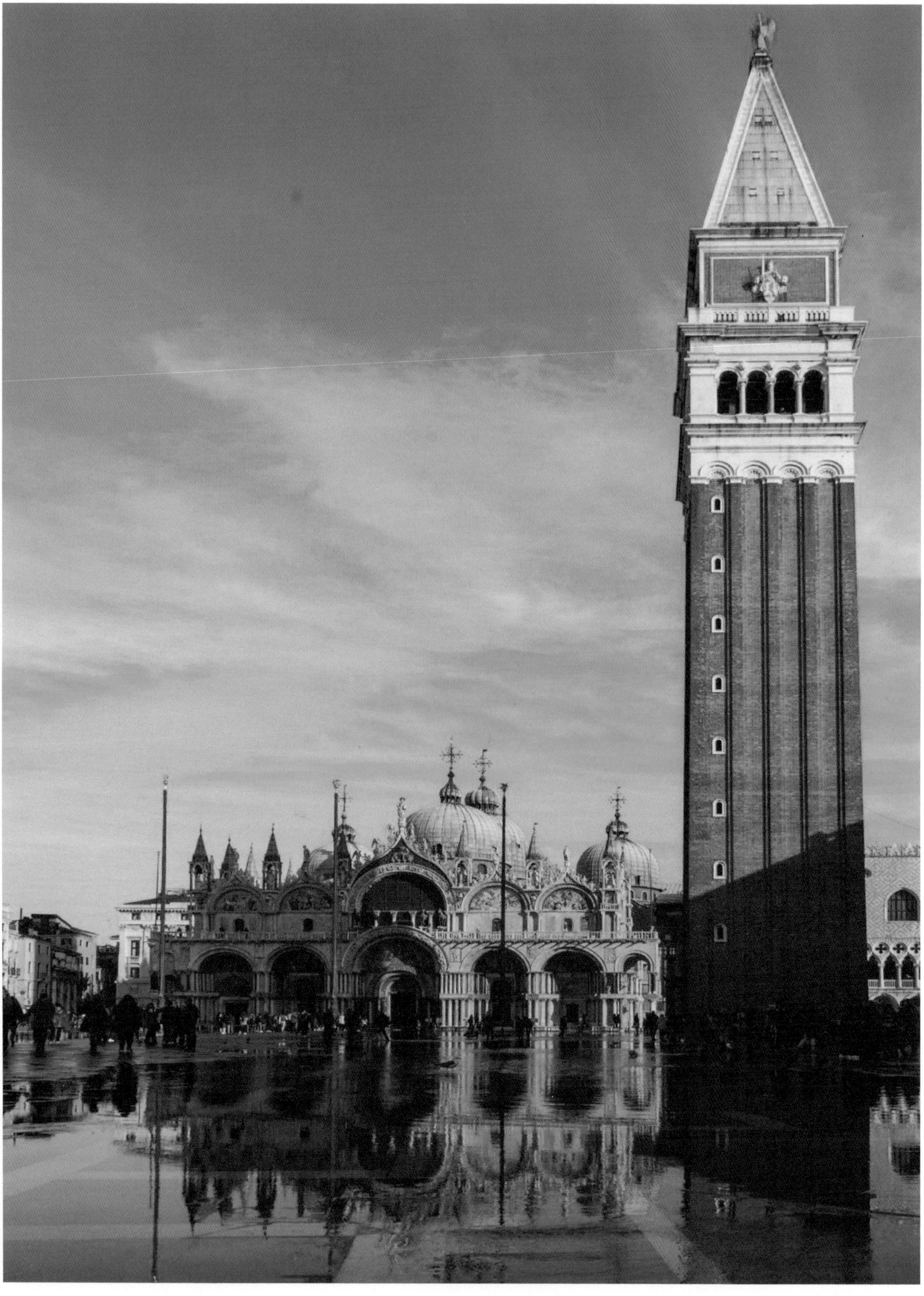

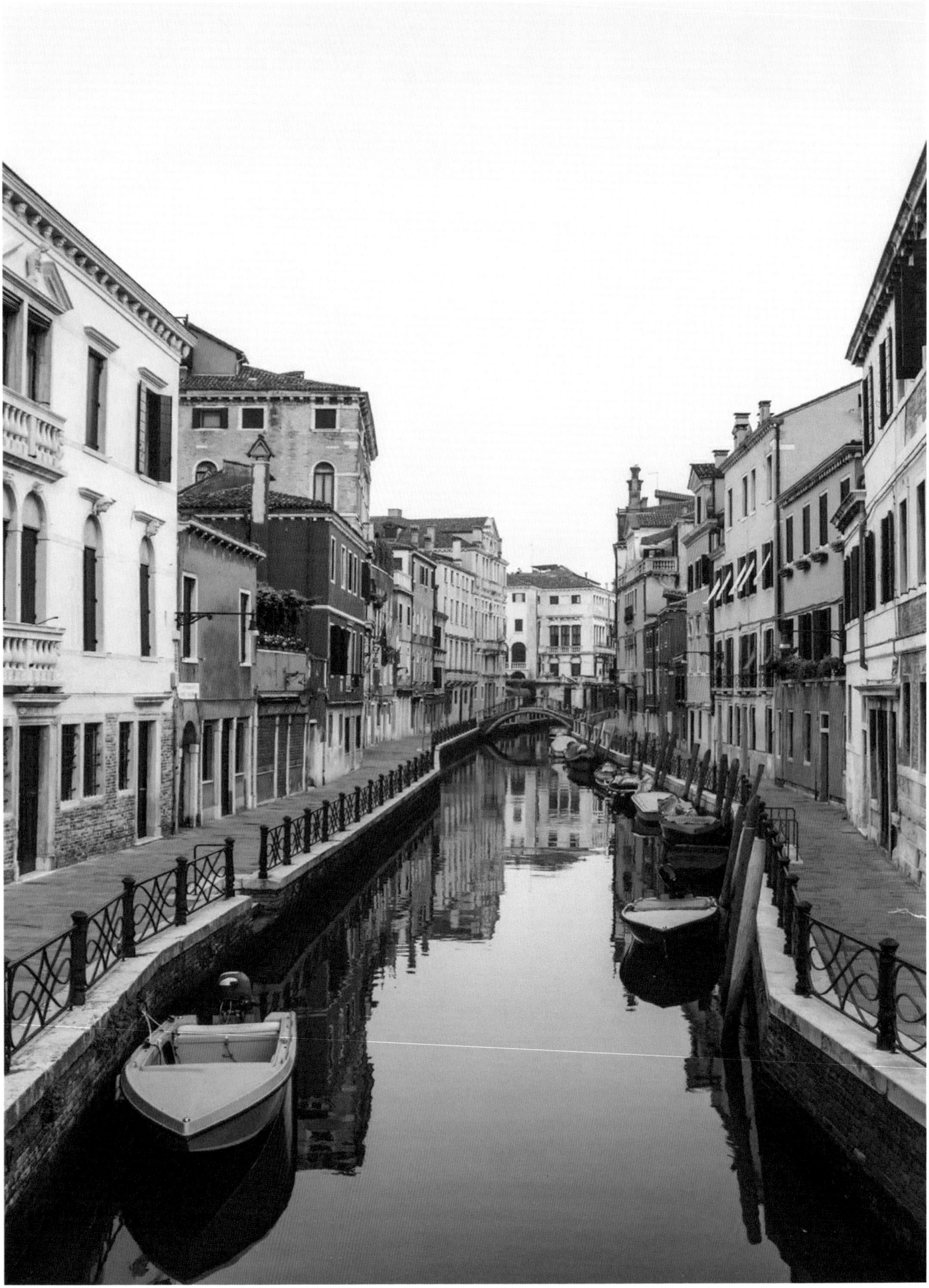

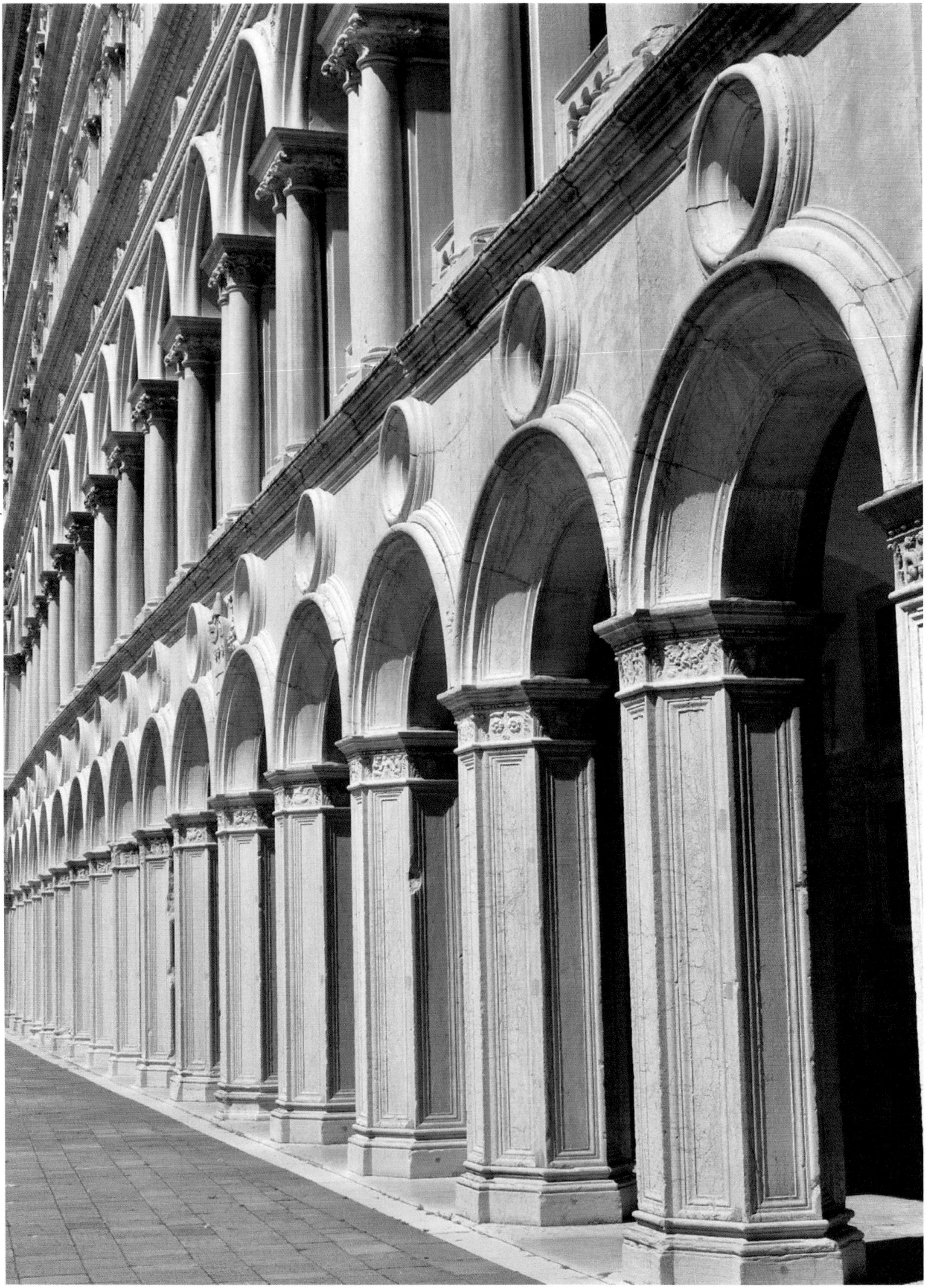

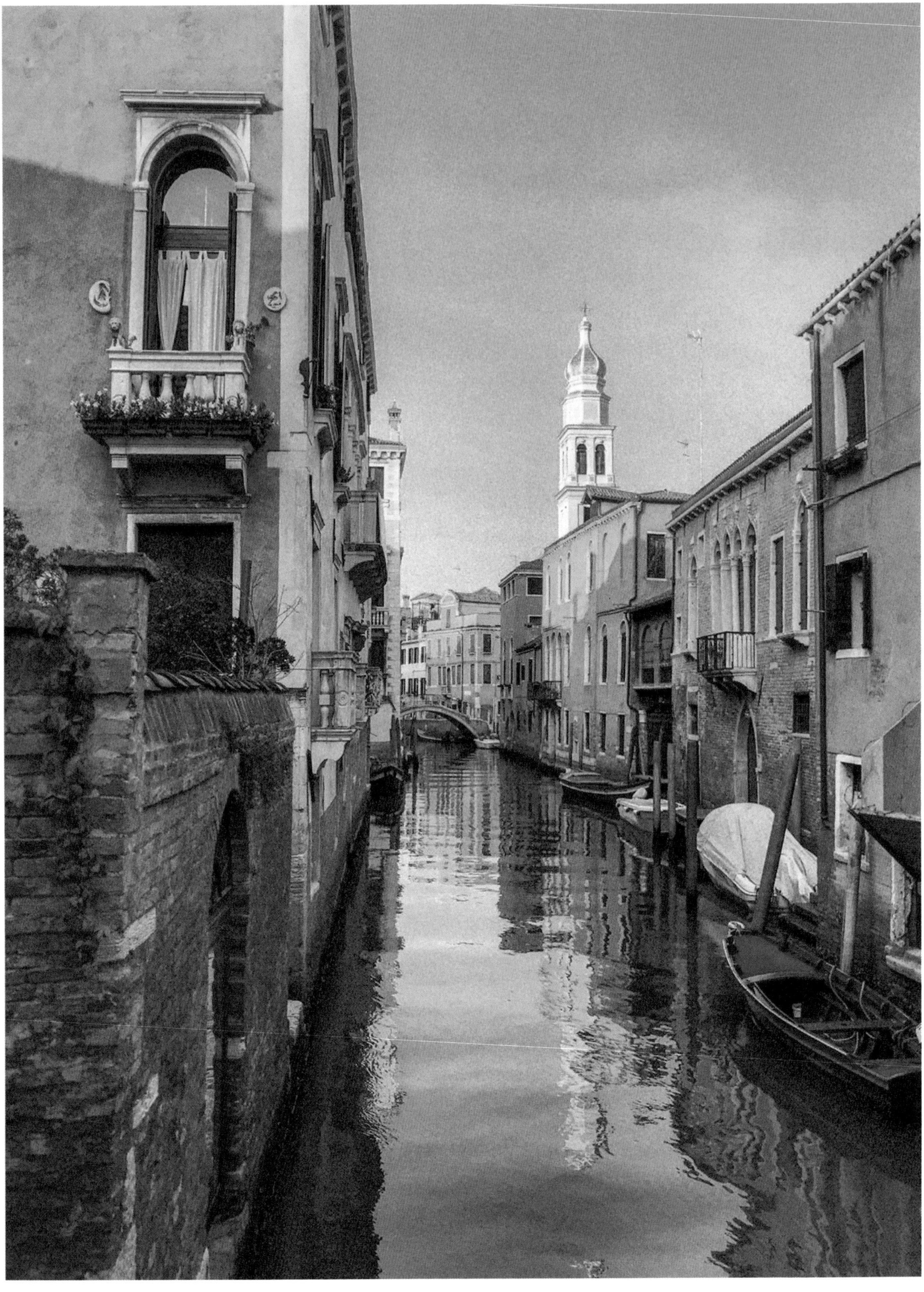

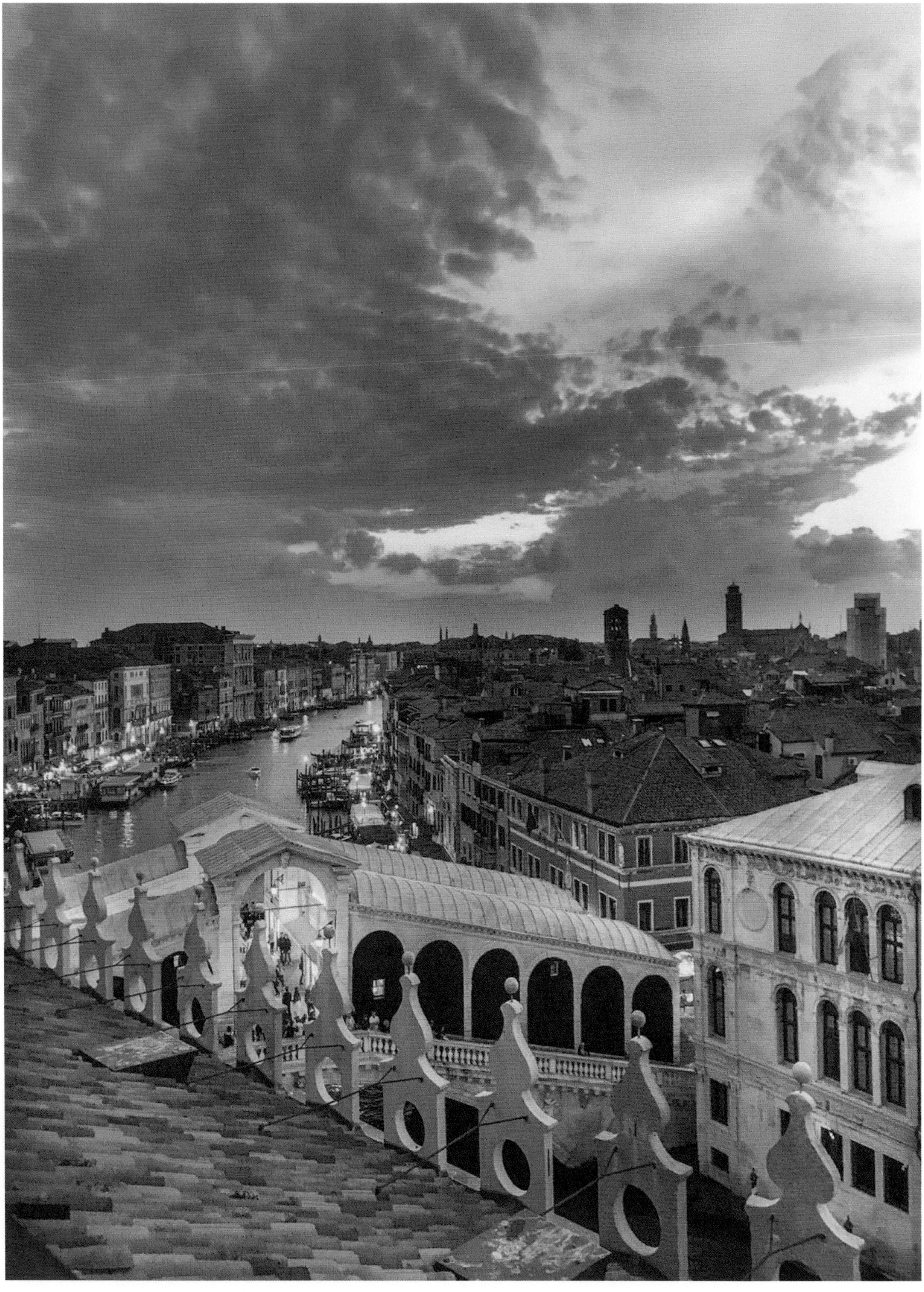

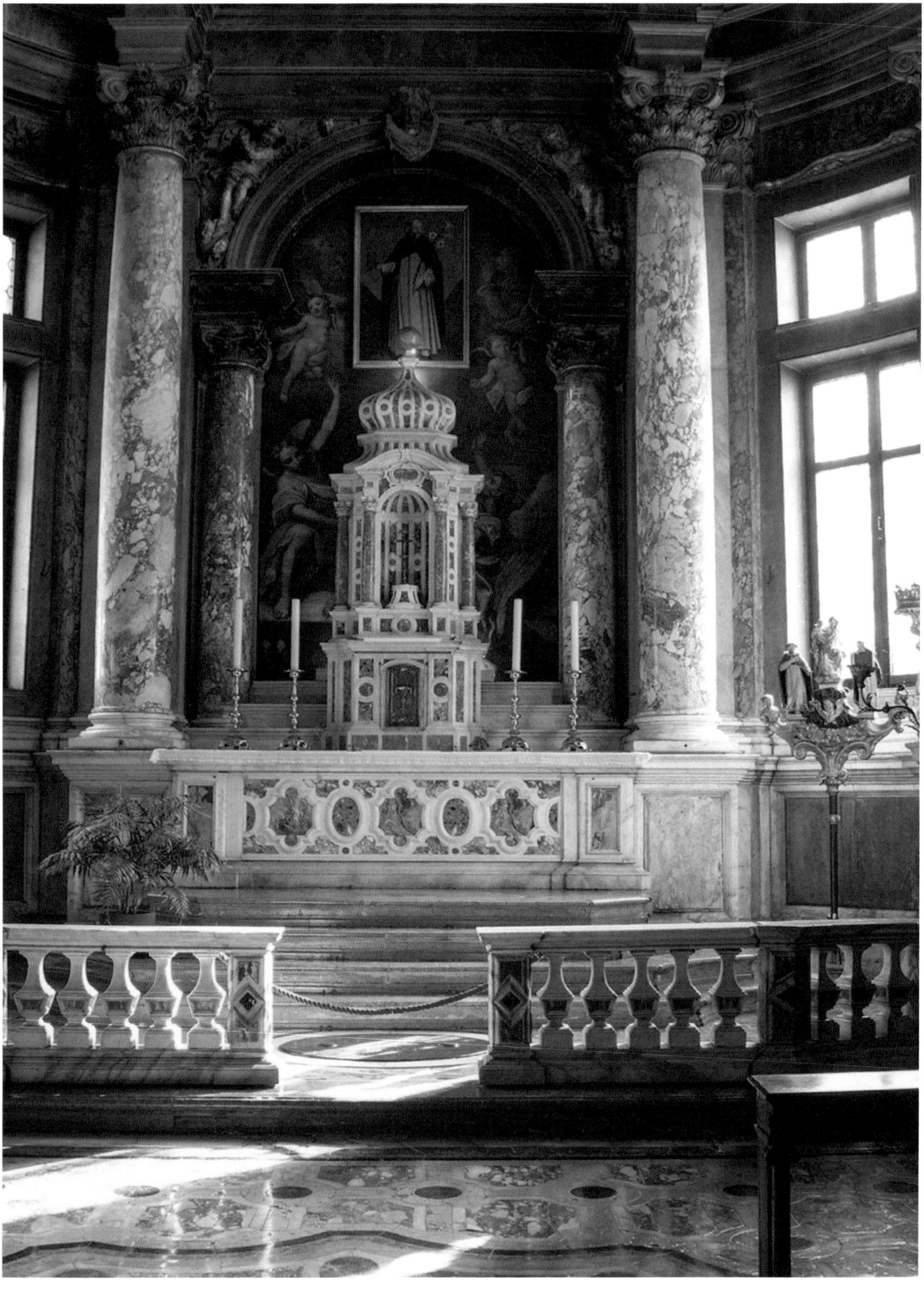

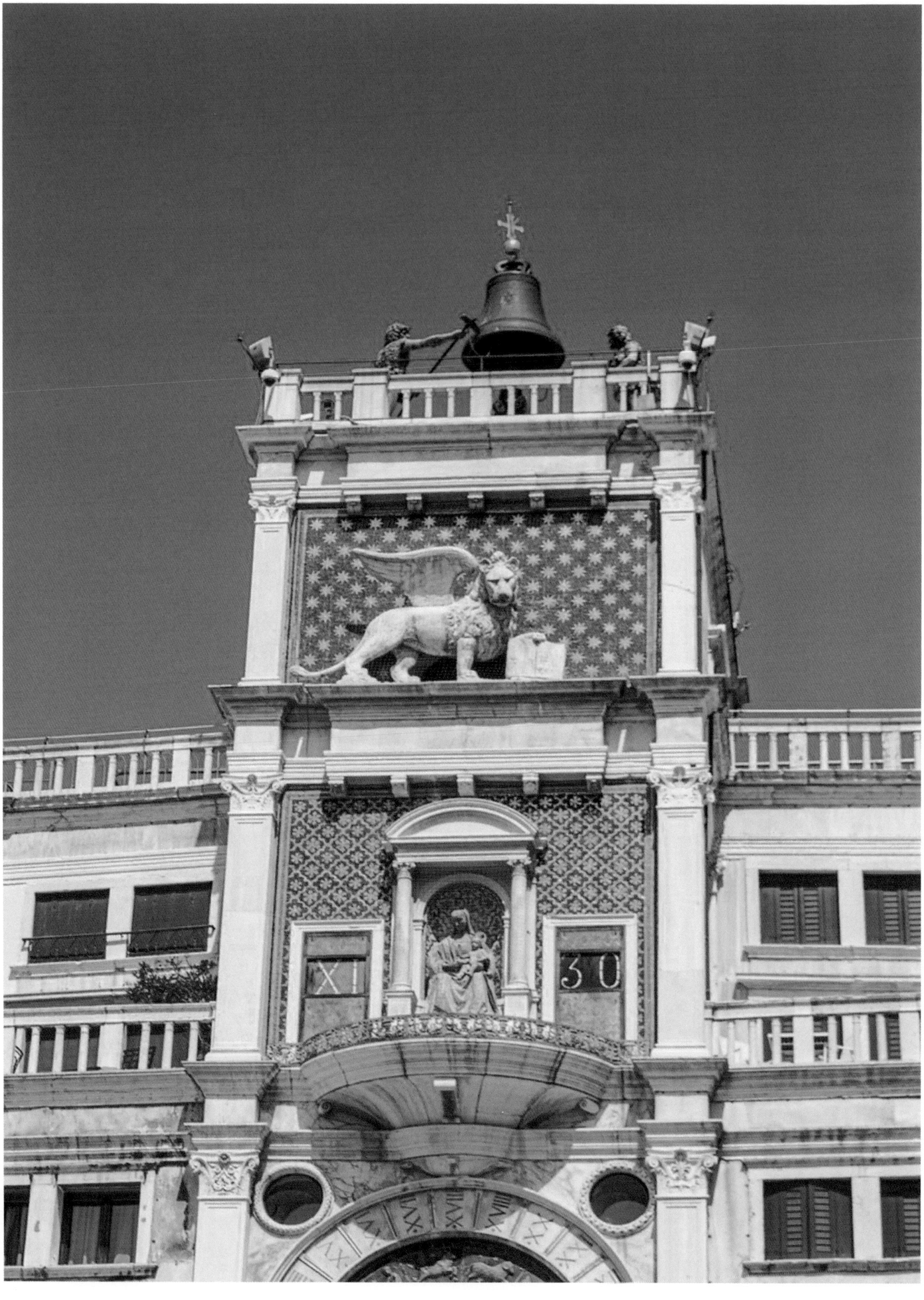
XI
30

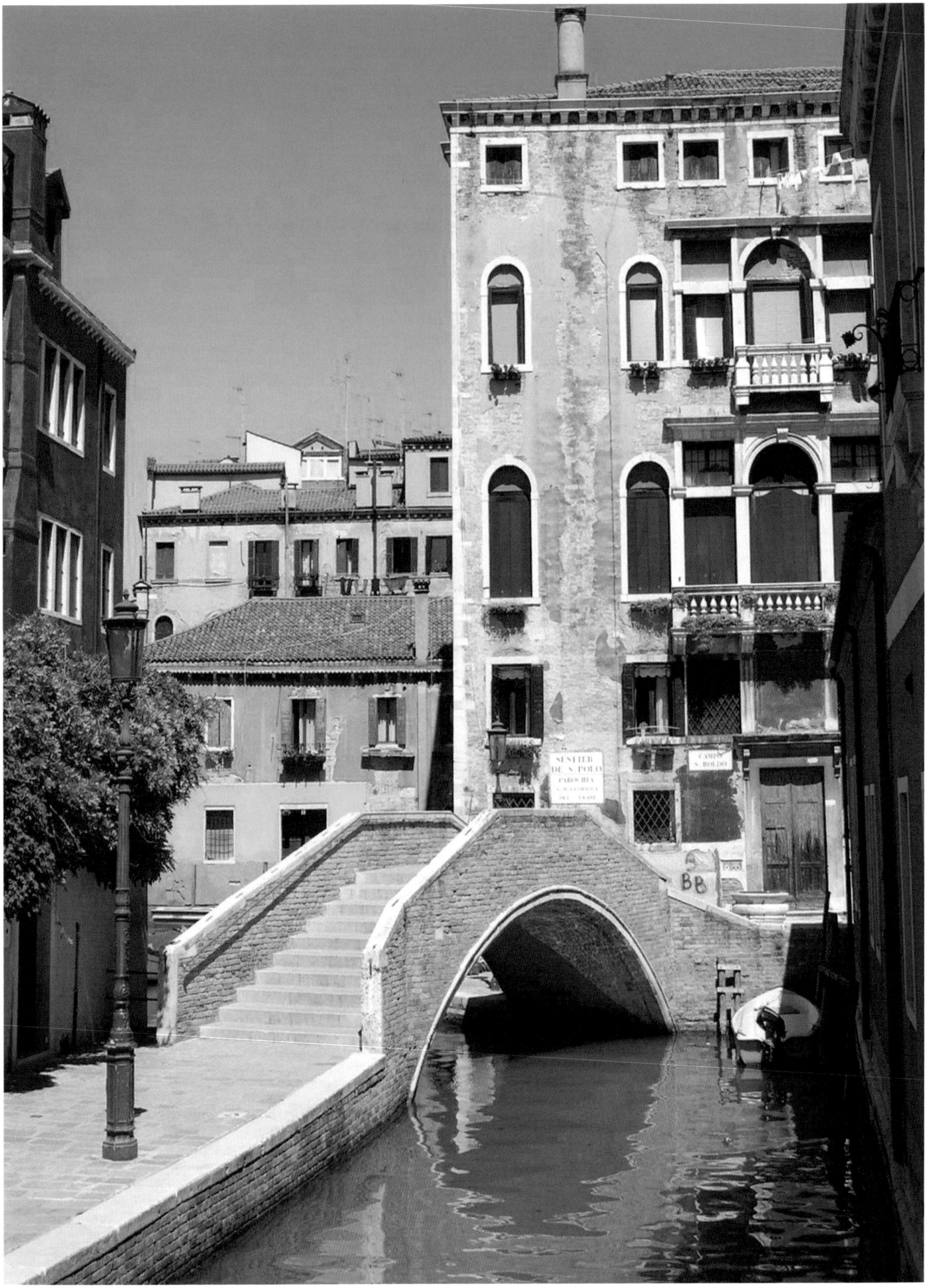
SESTIER
DE S. POLO
PAROCHIA
CAMPO
S. BOLDO
BB

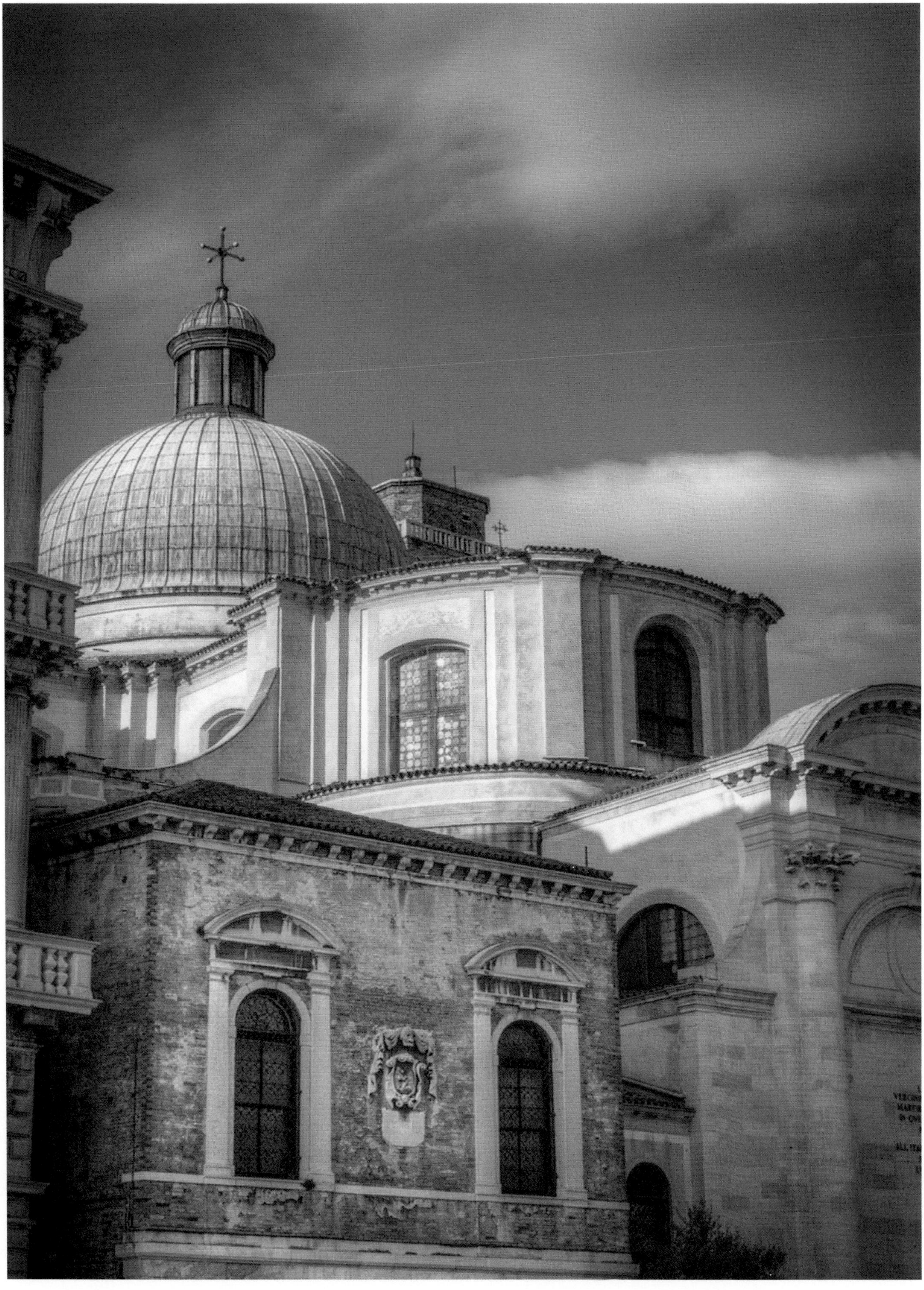

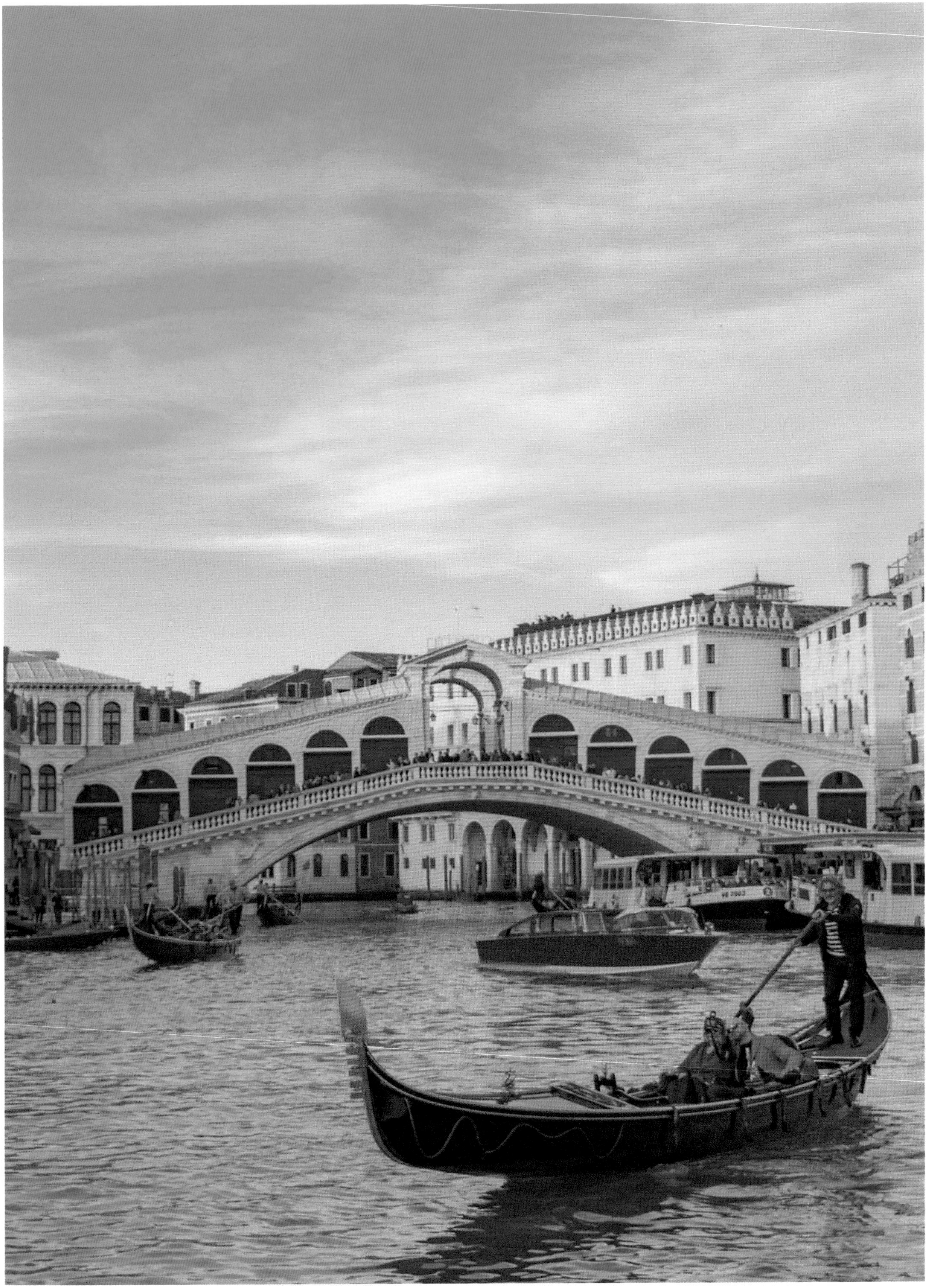

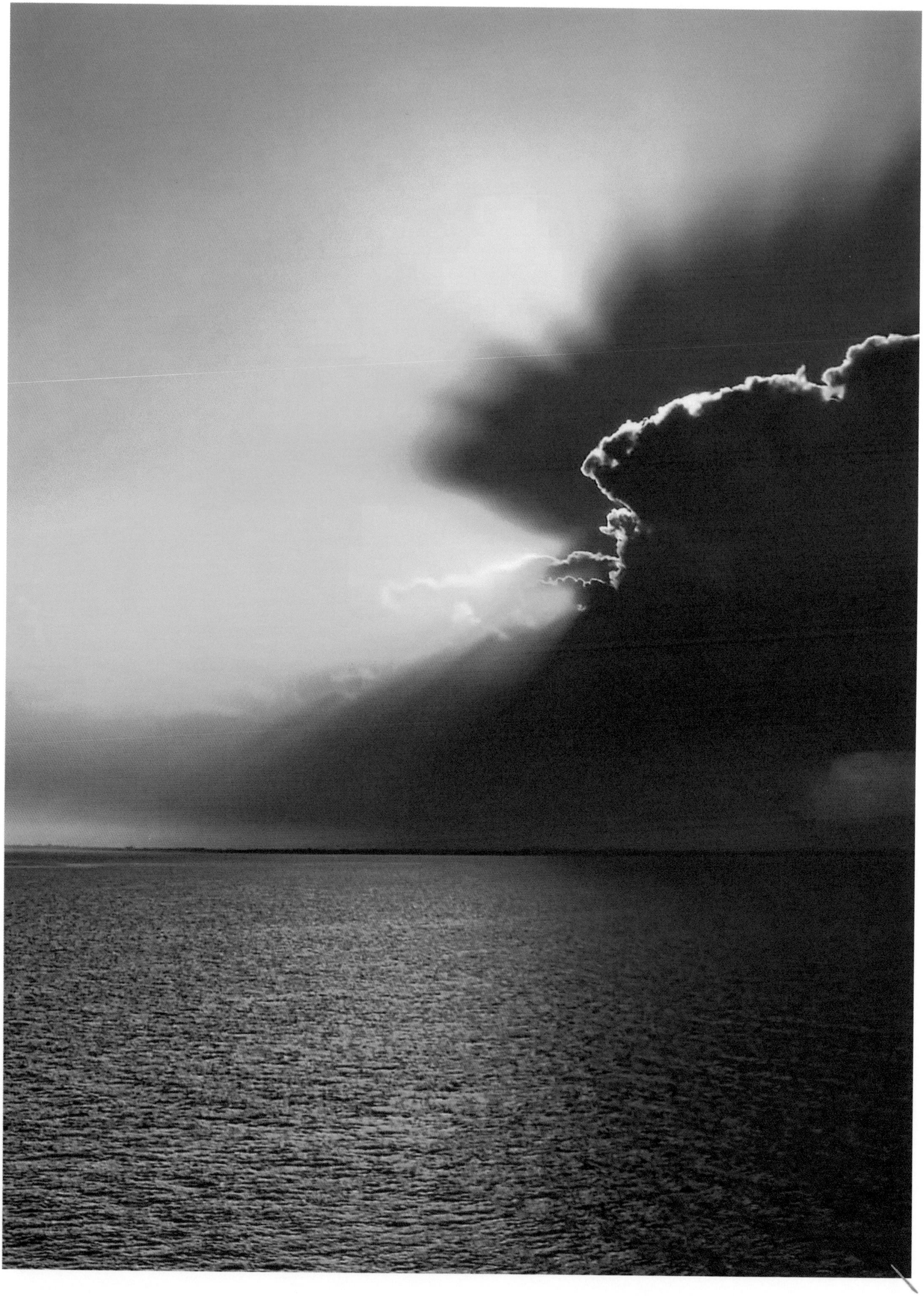

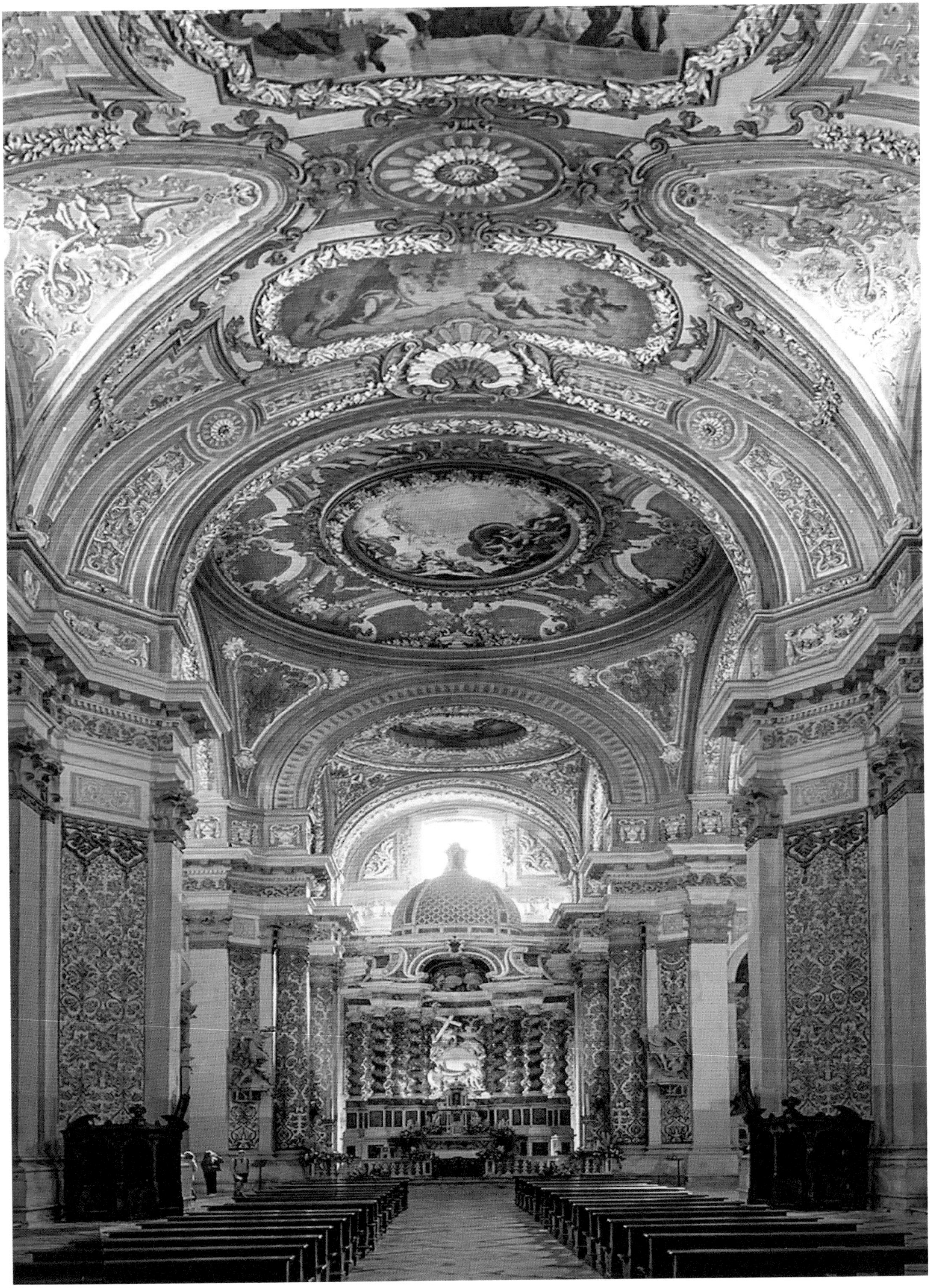

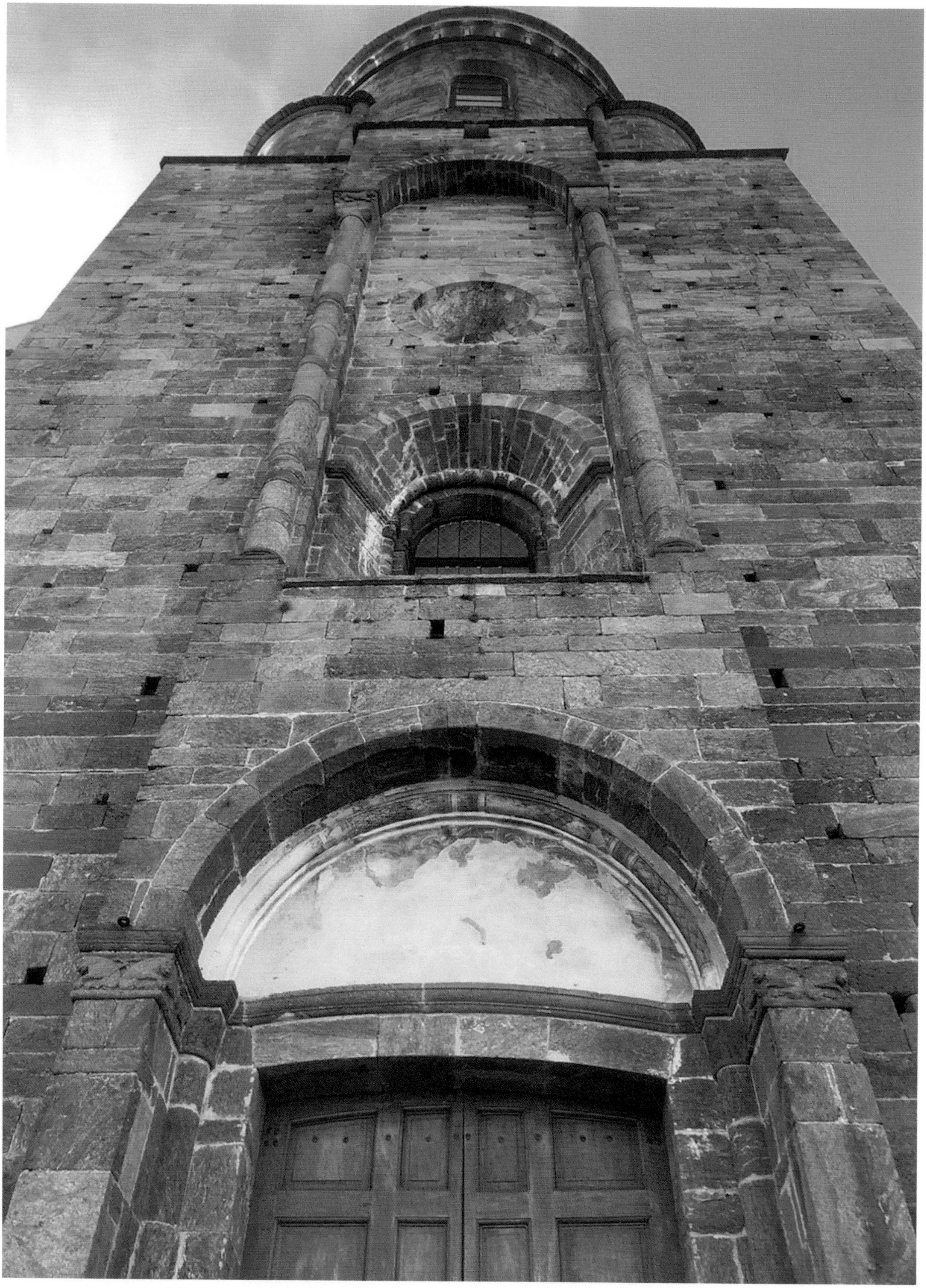

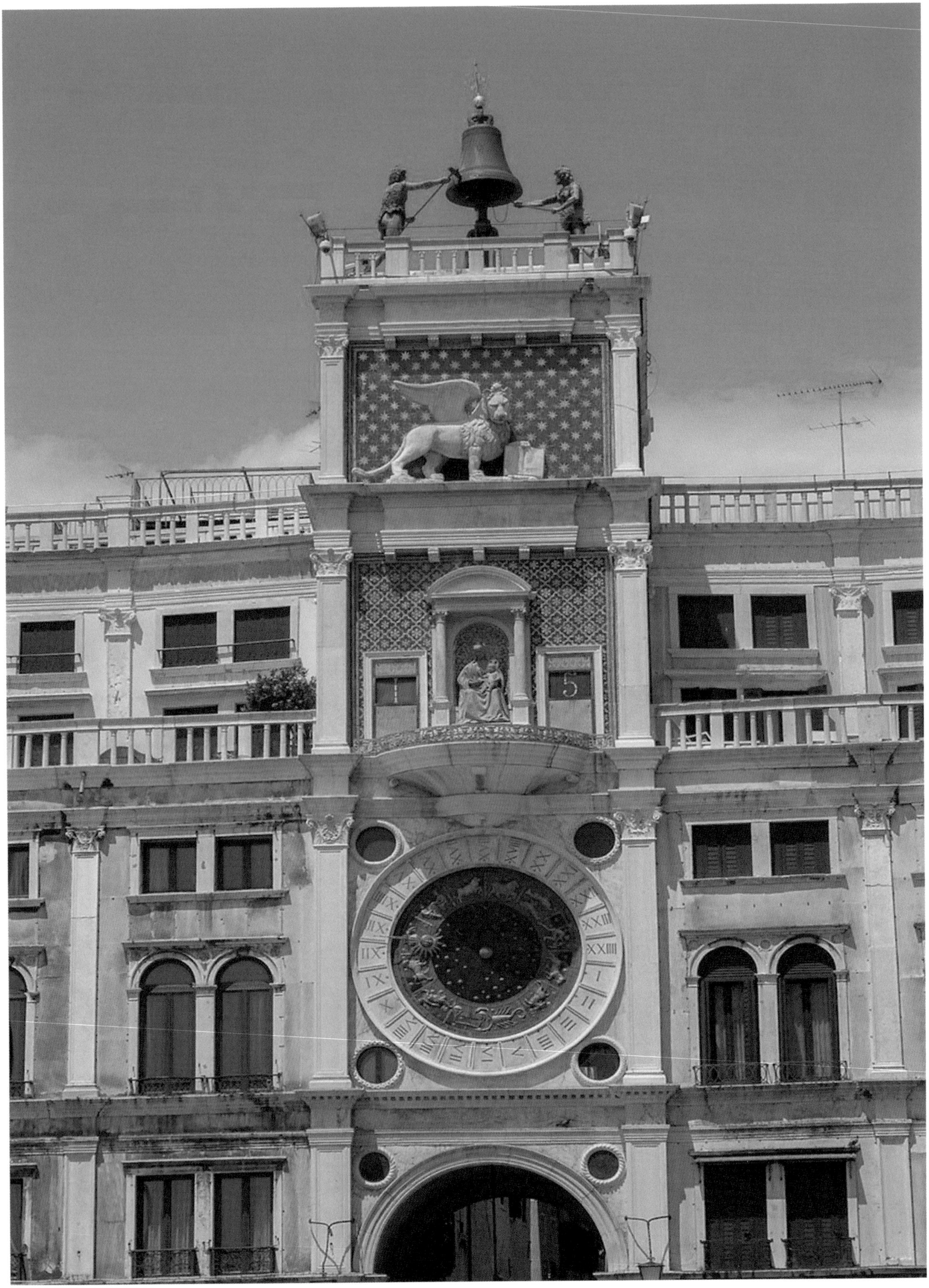

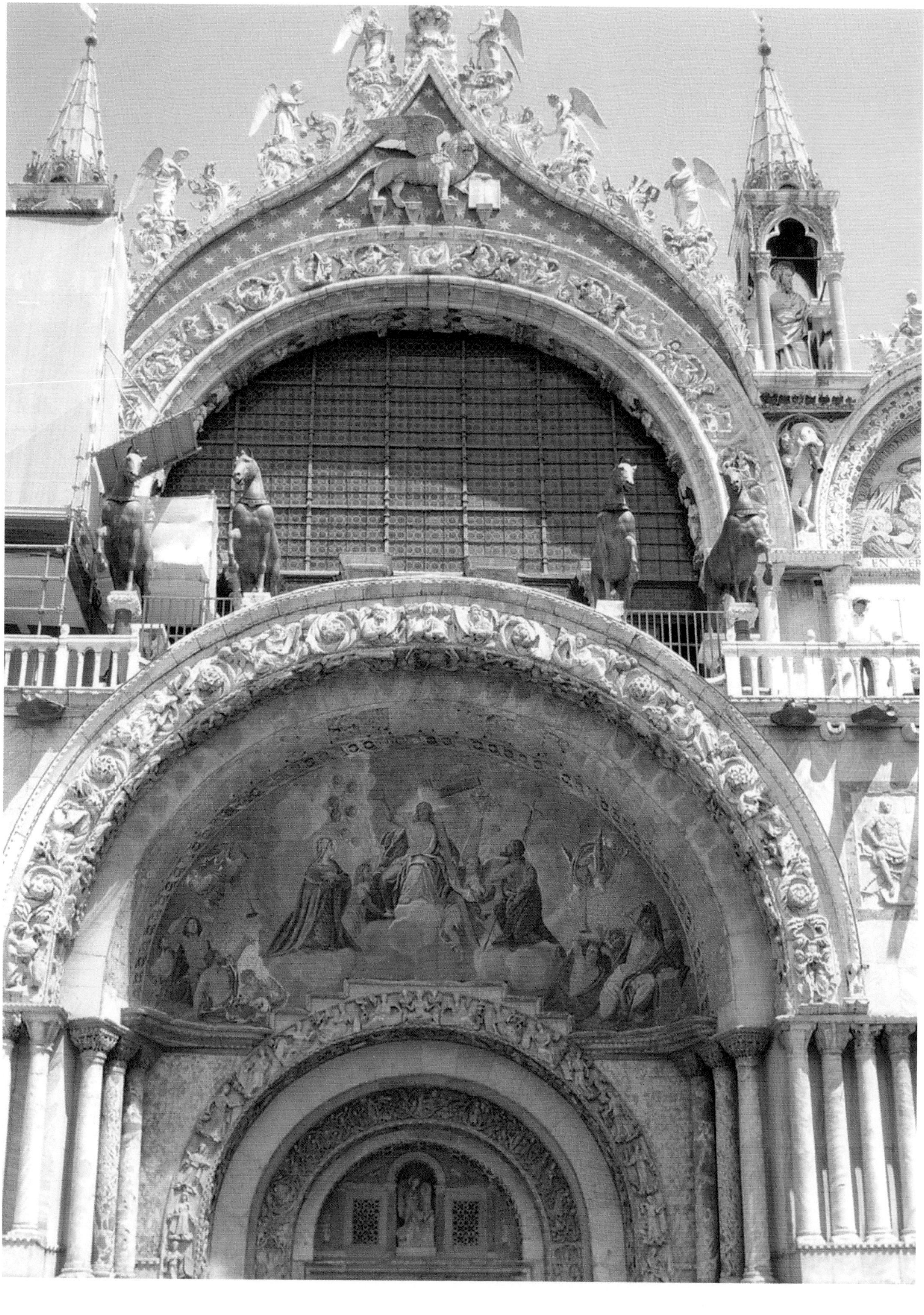

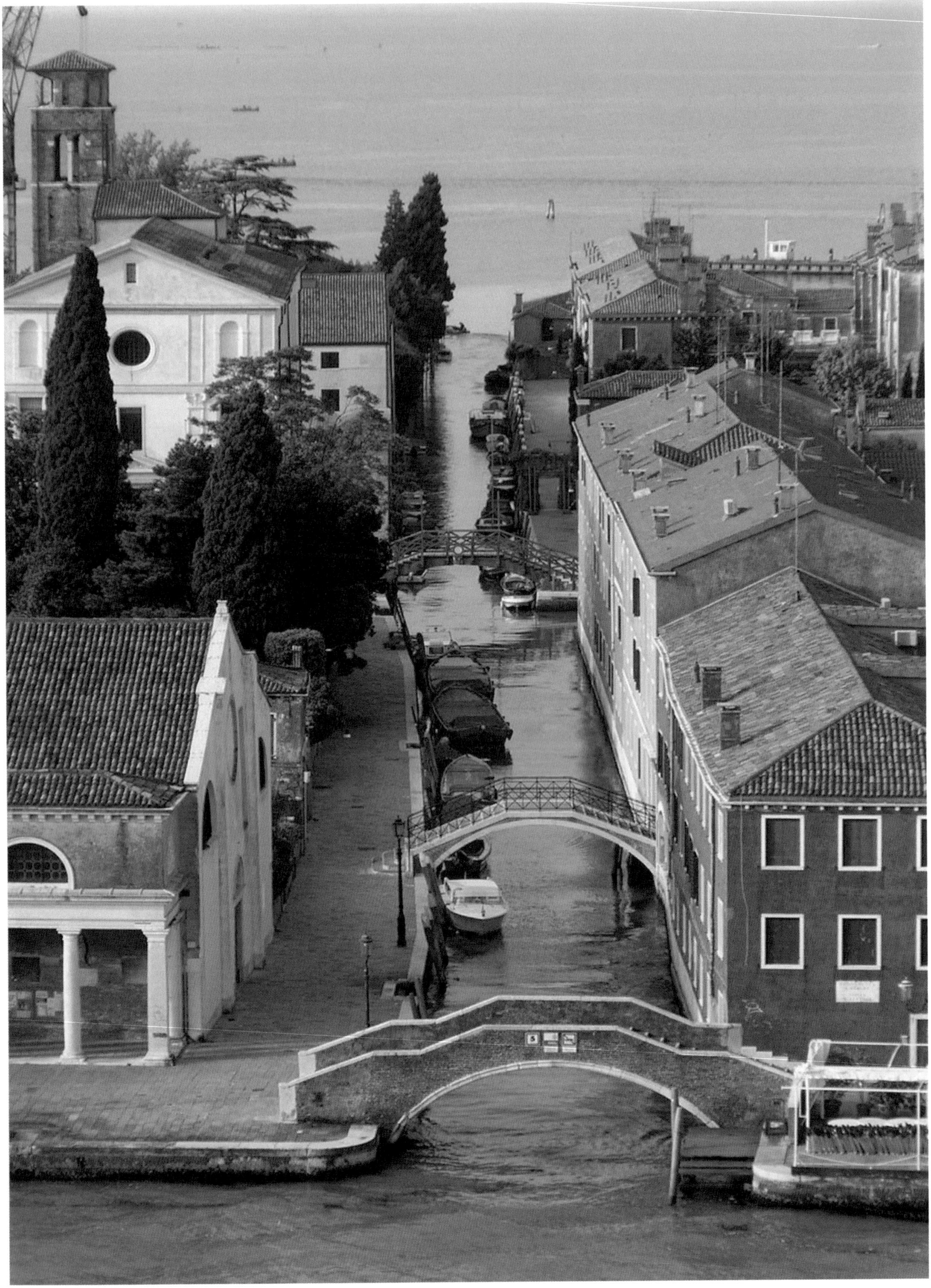

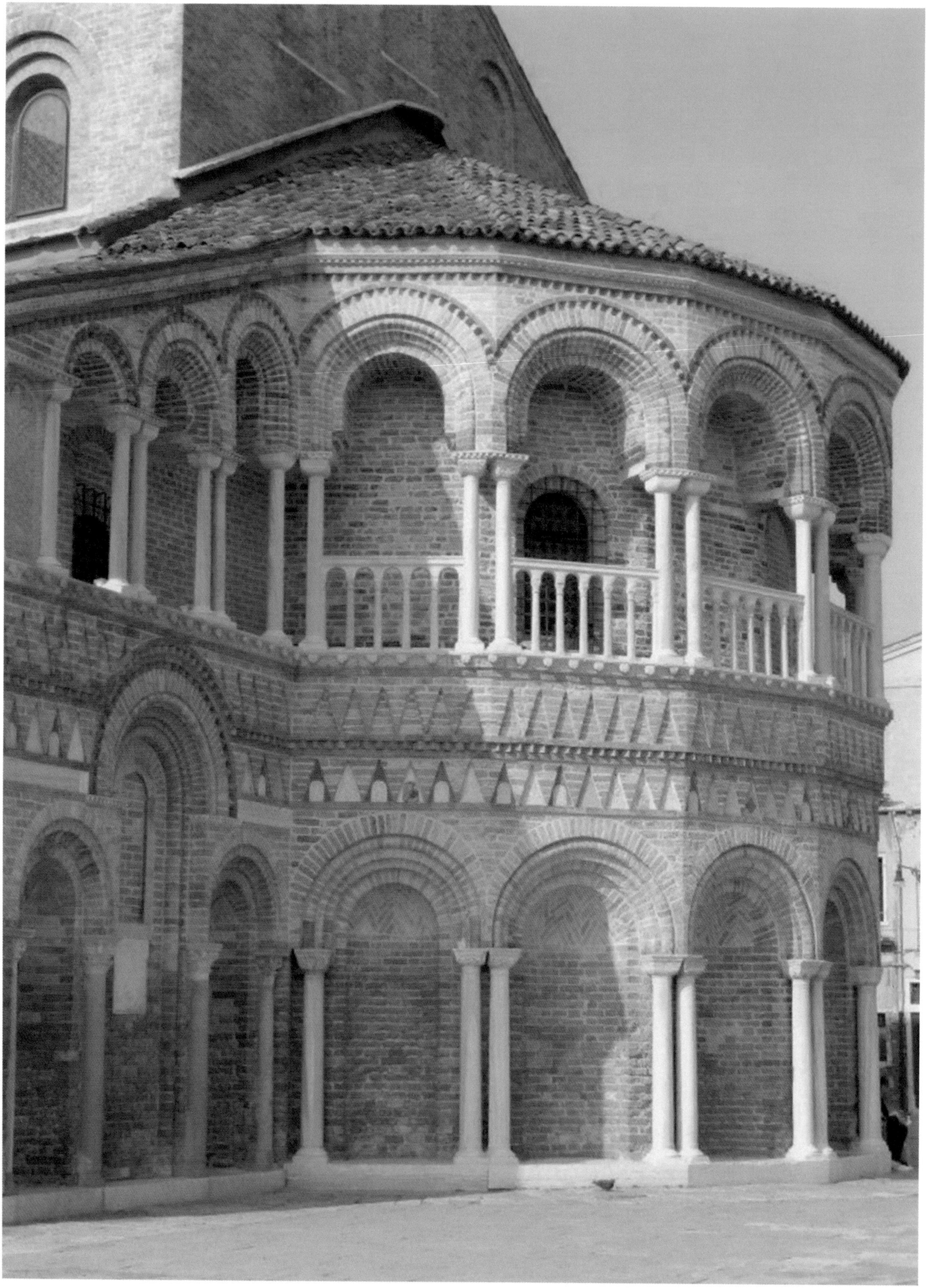

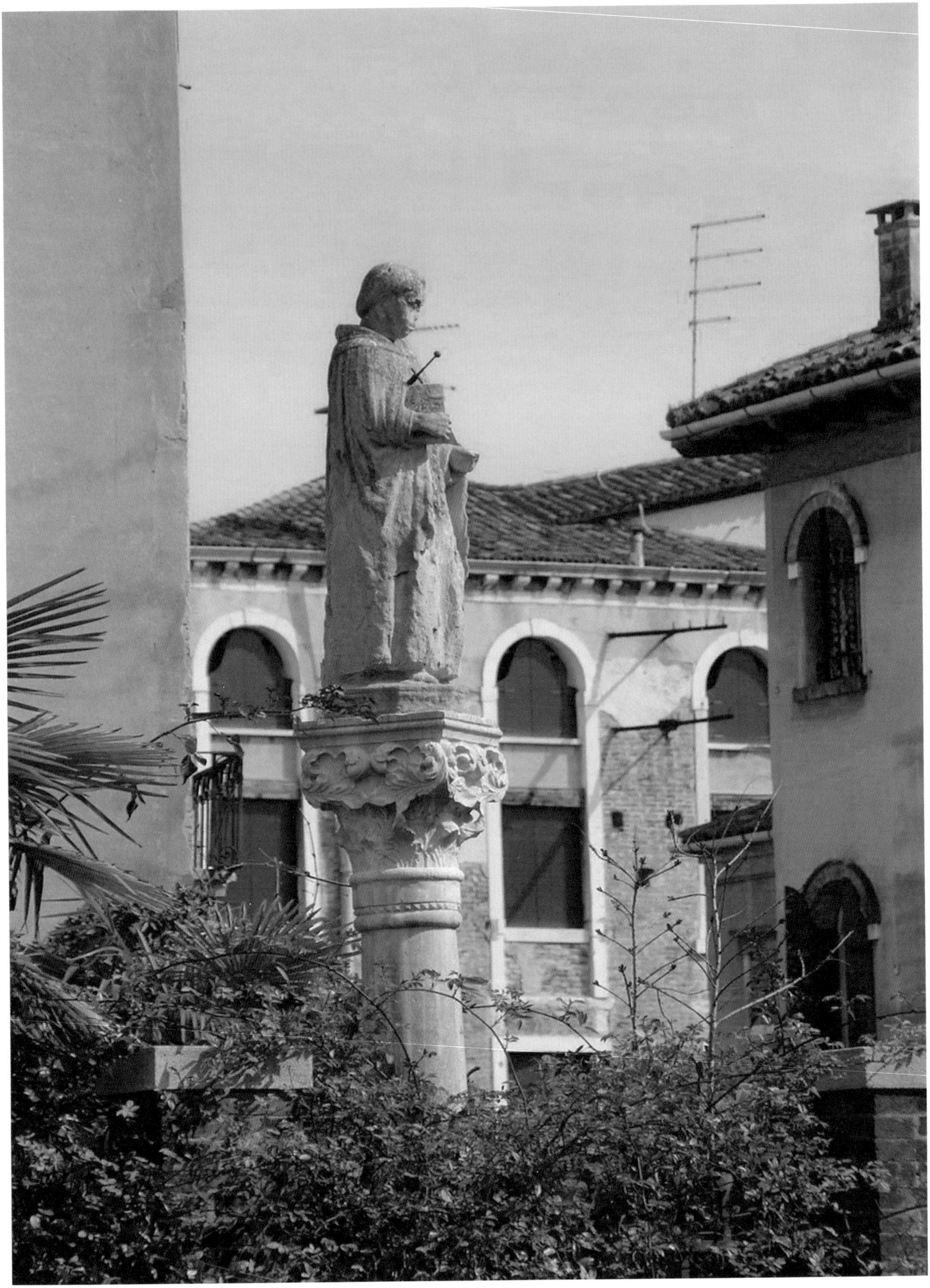

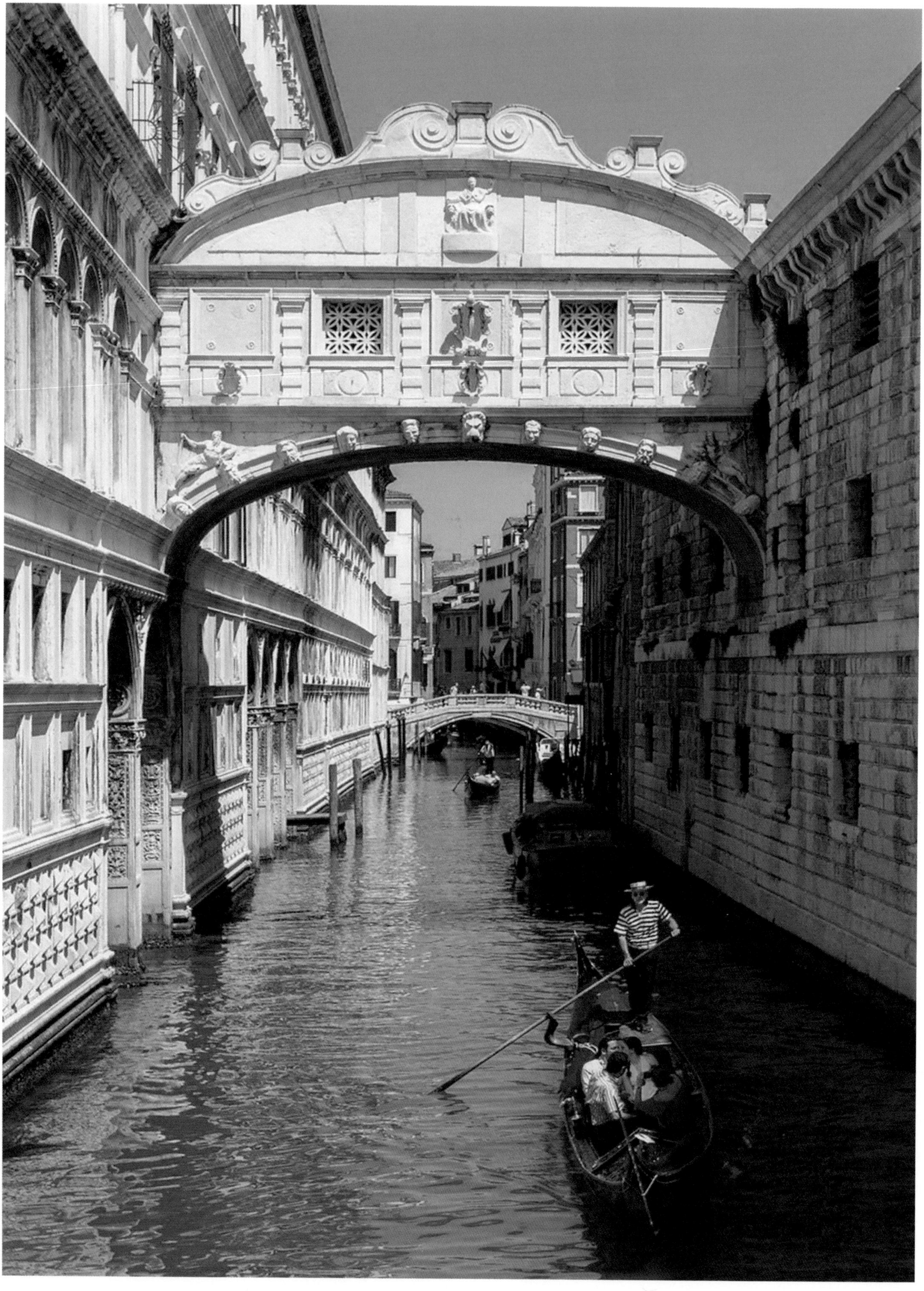

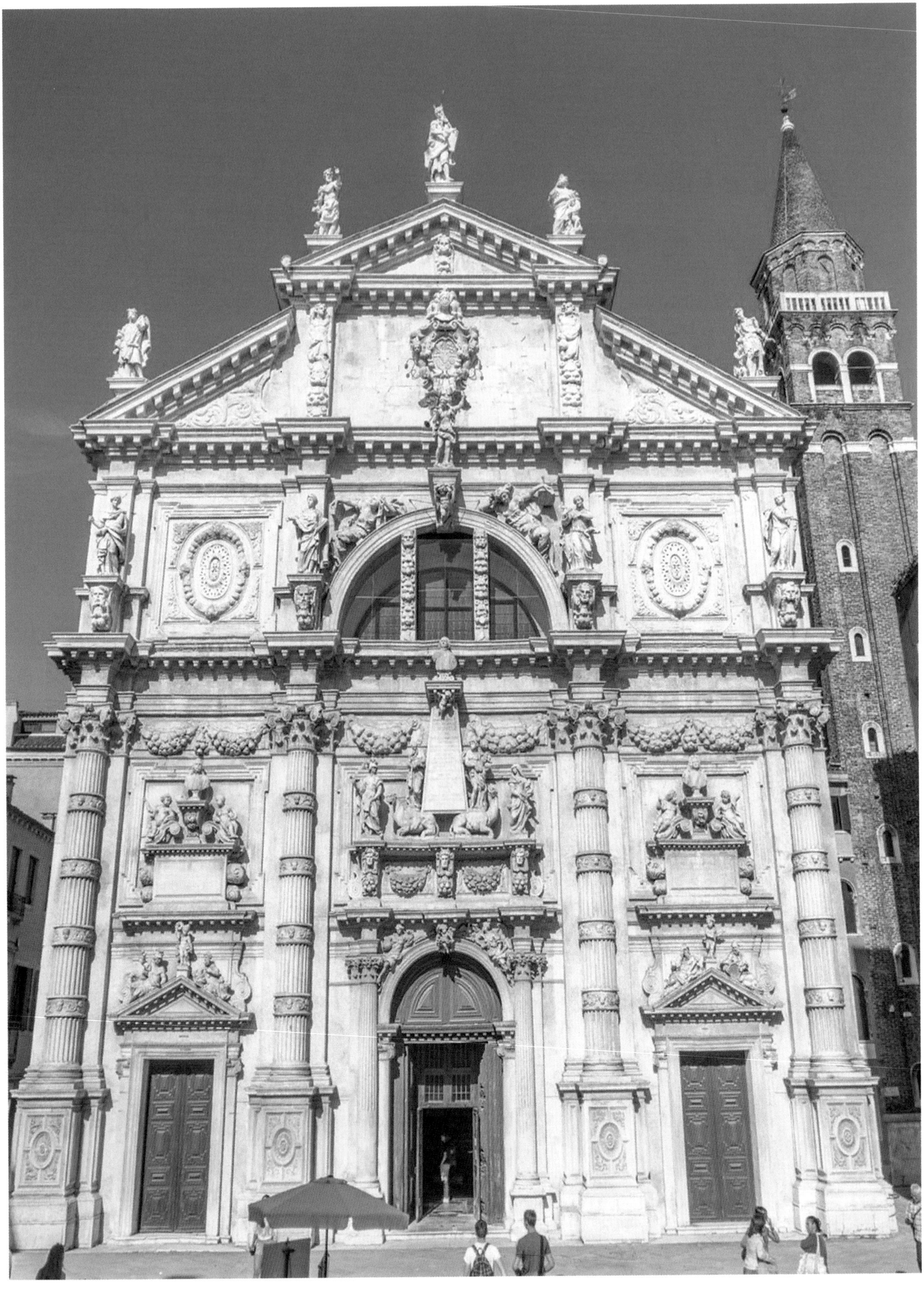

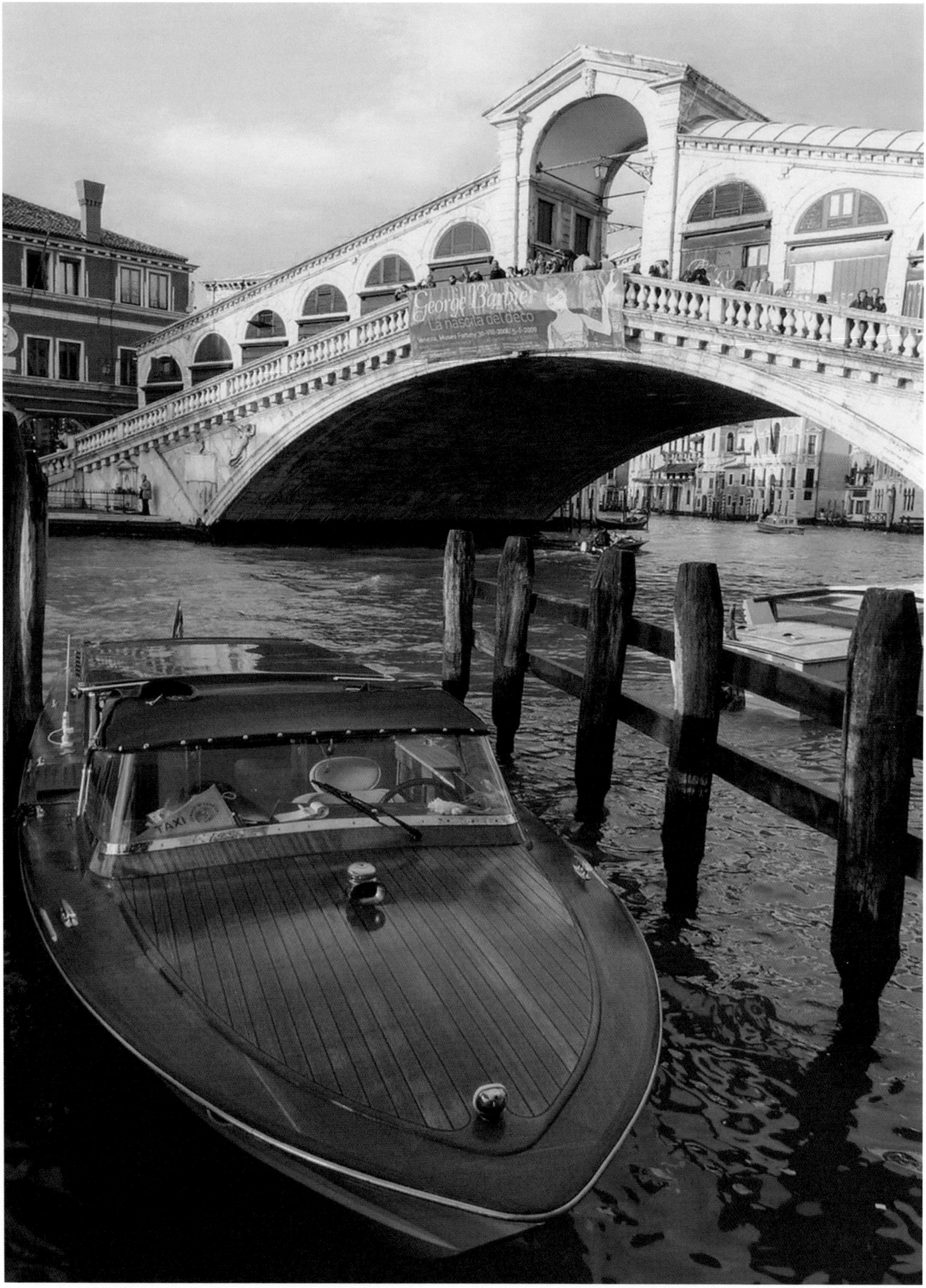
George Barbier
La nascita del deco
TAXI

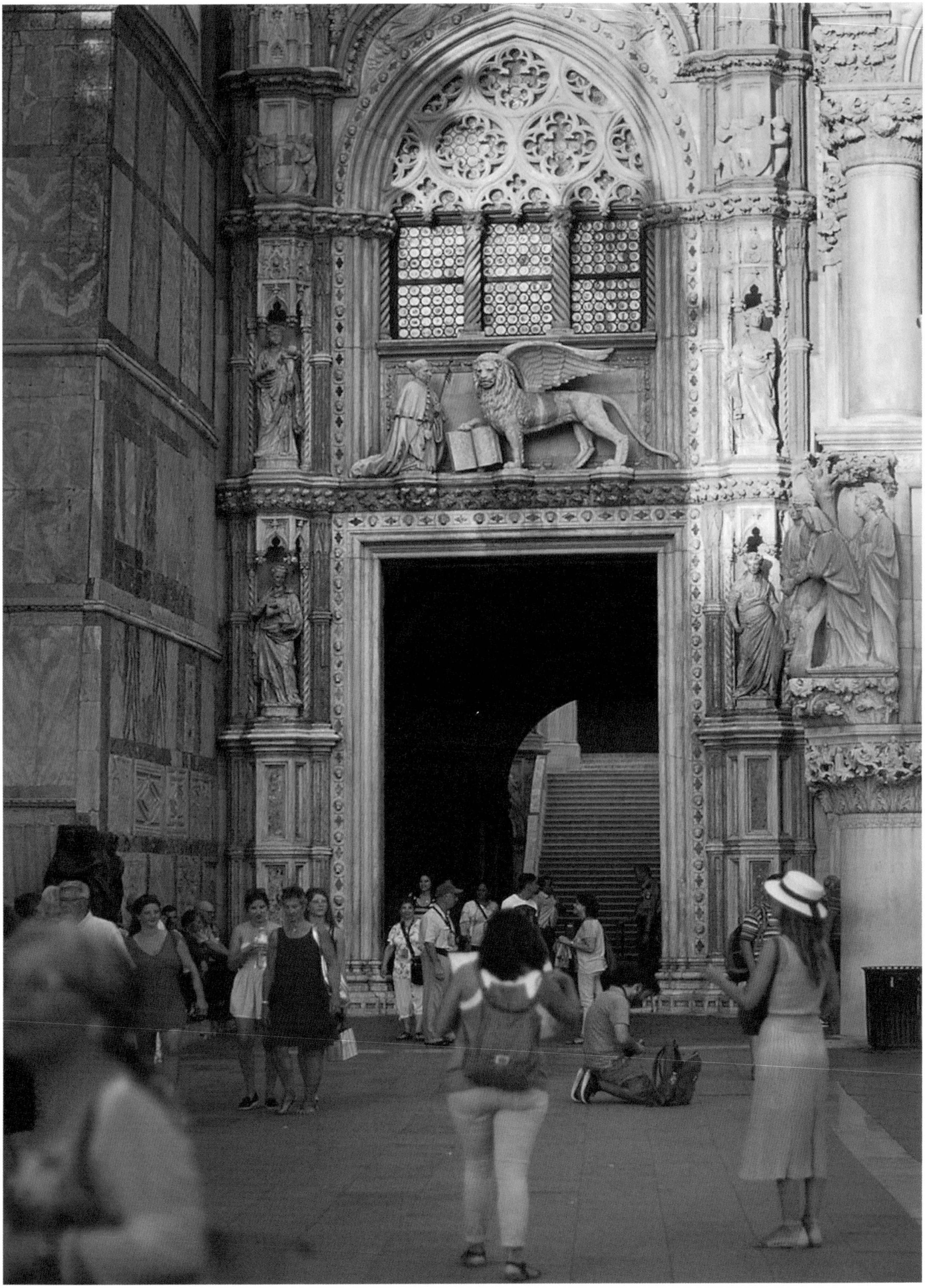

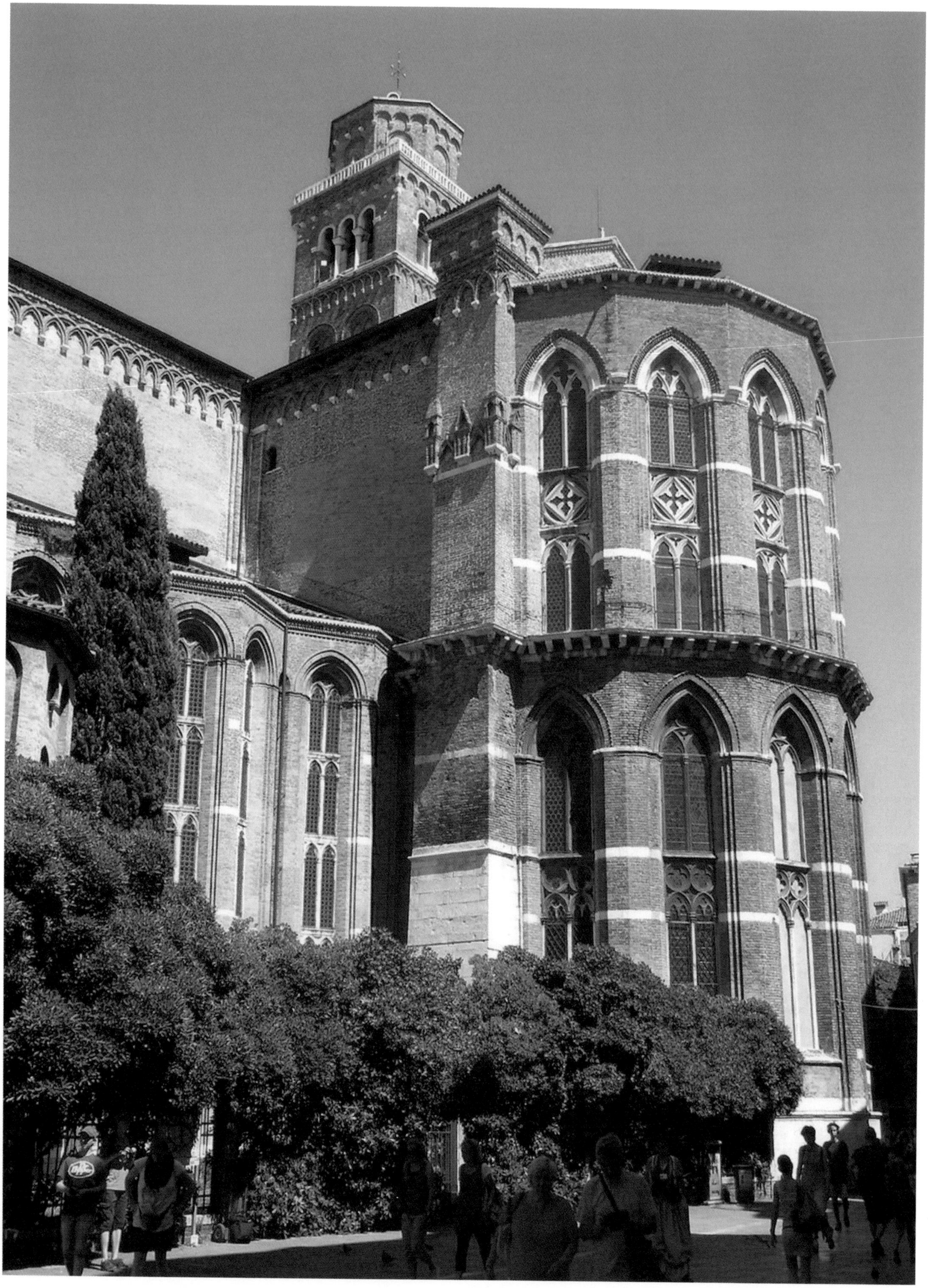

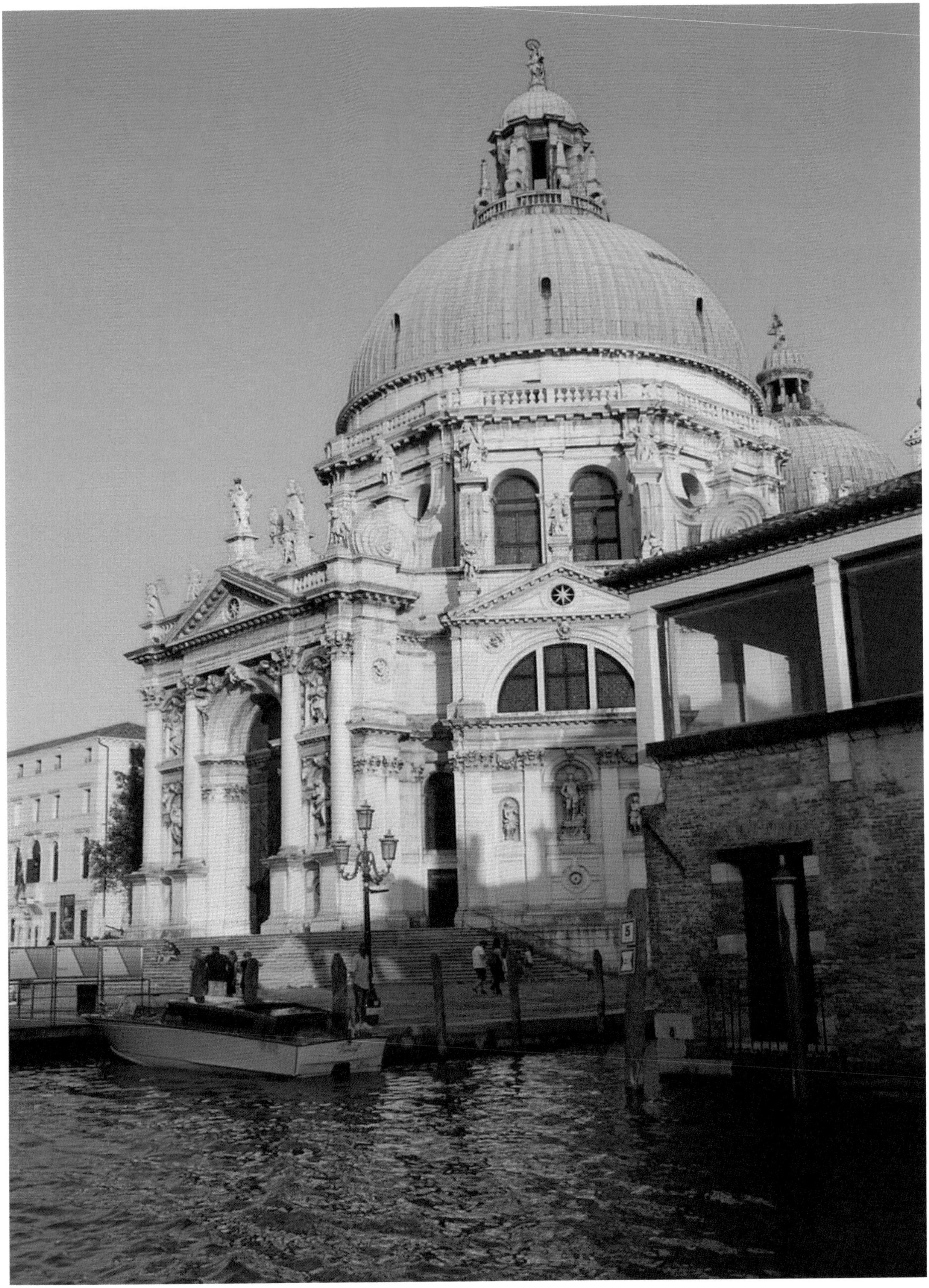

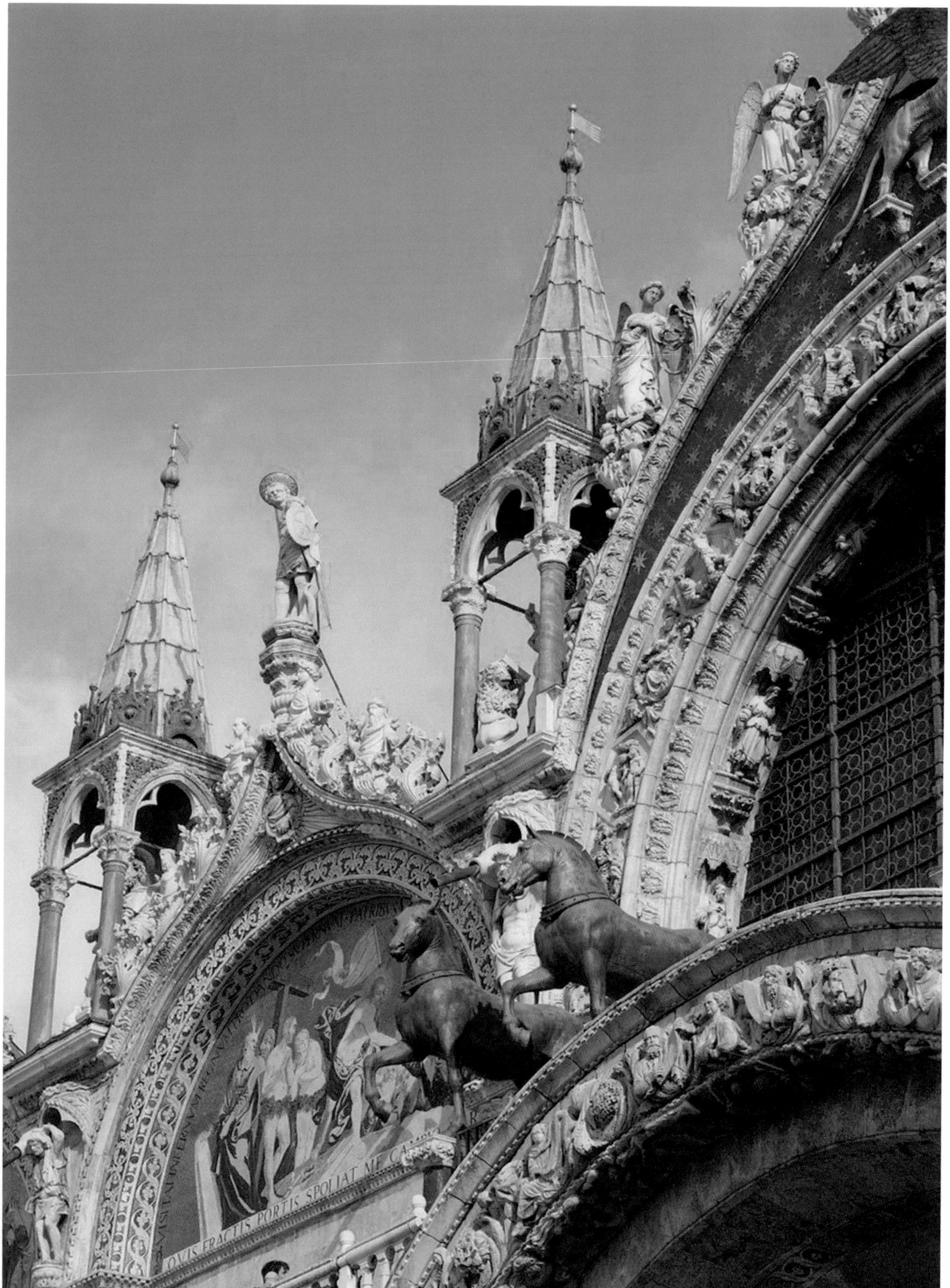
FRACTIS PORTIS SPOLIAT ME

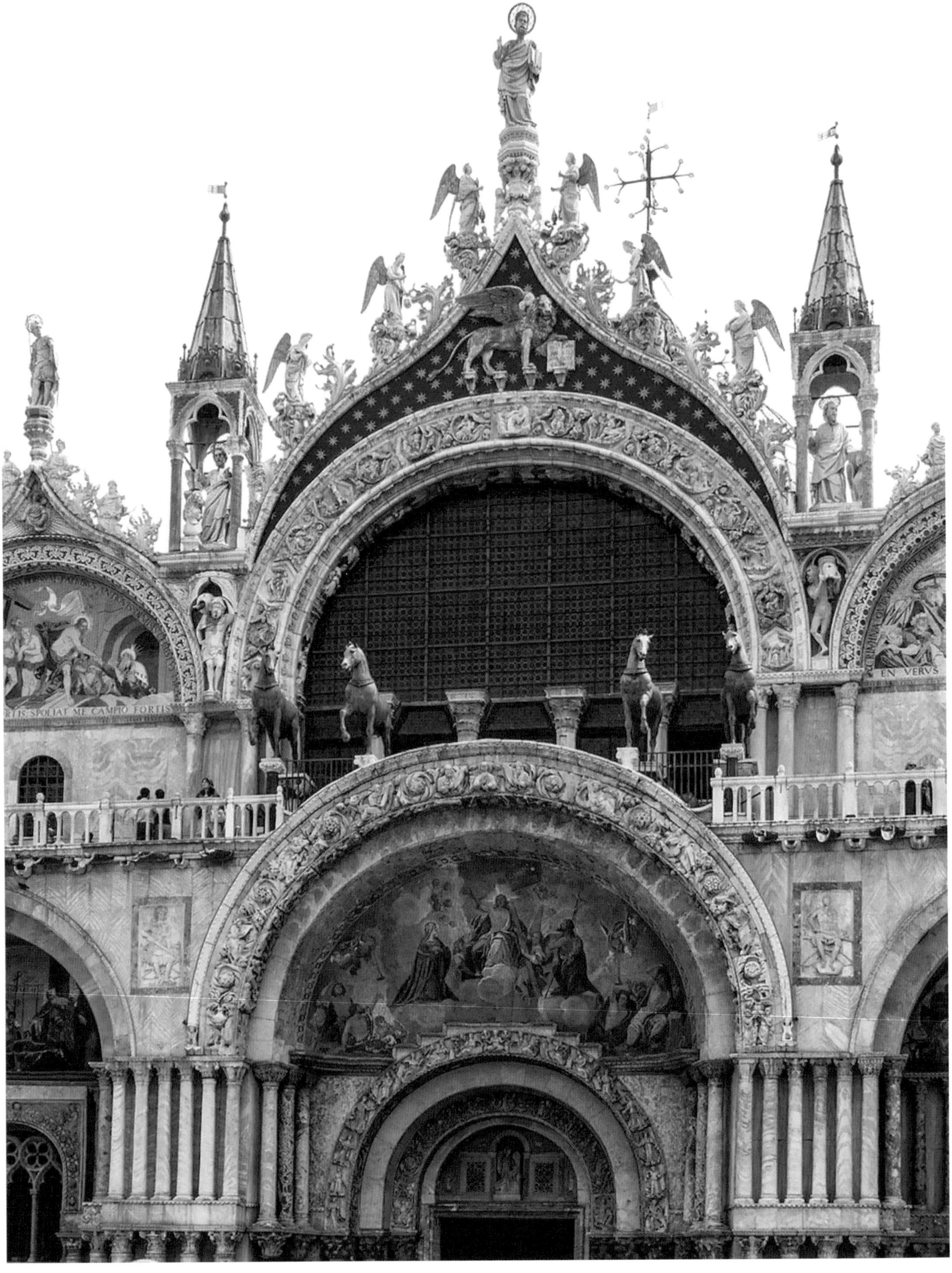
EN VERVS

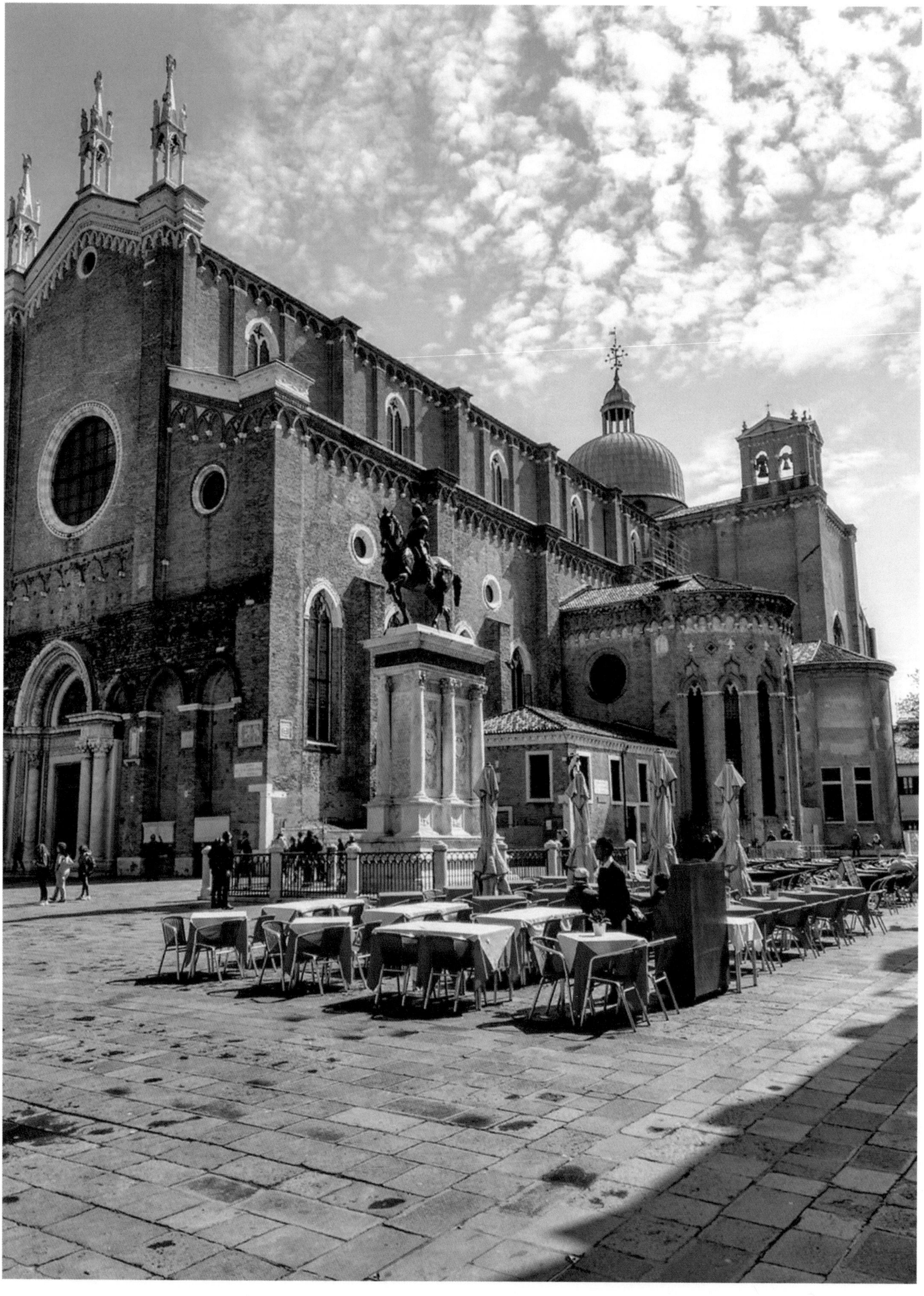

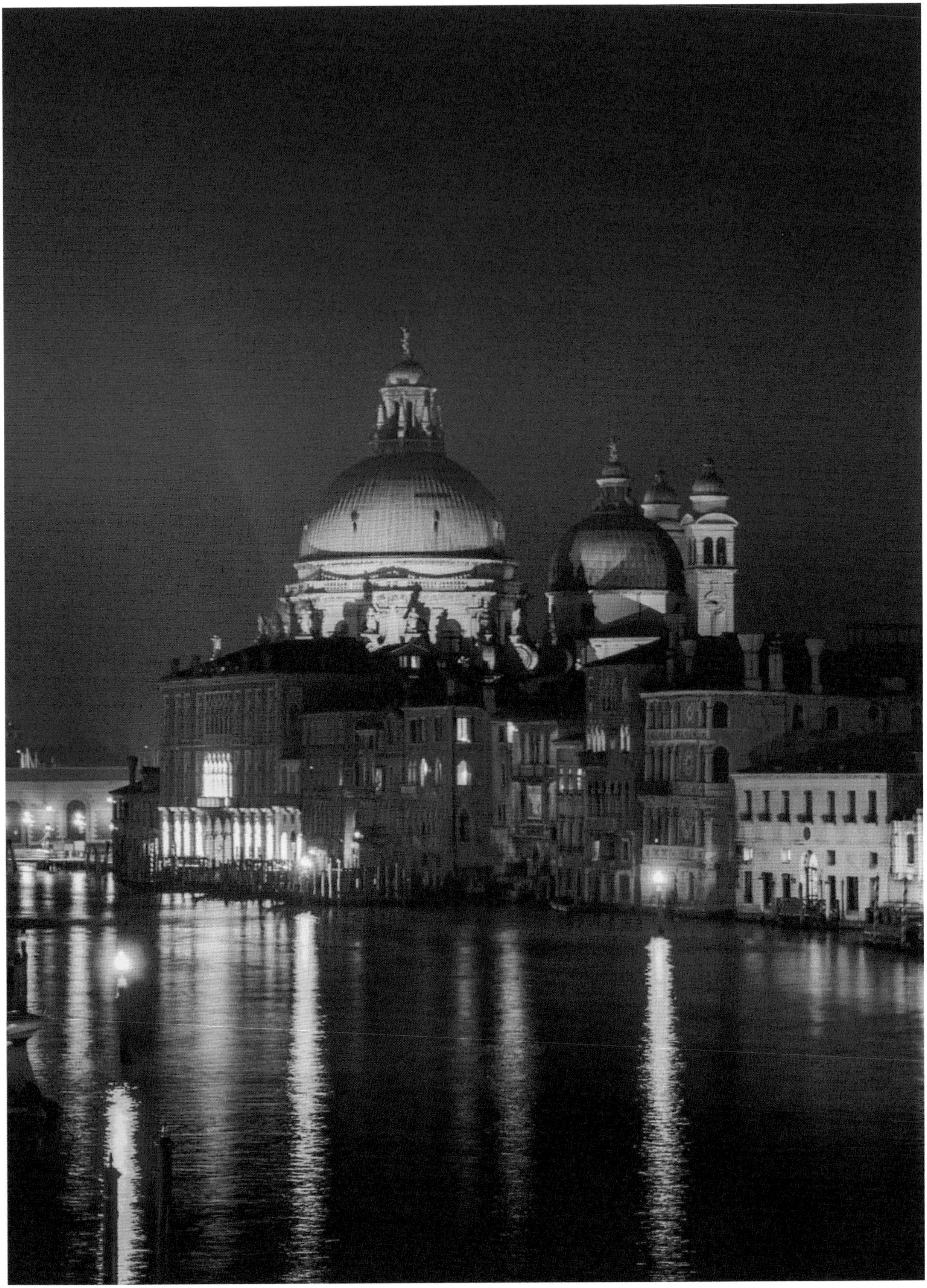

Printed in Great Britain
by Amazon

37191246R00025